NAME:

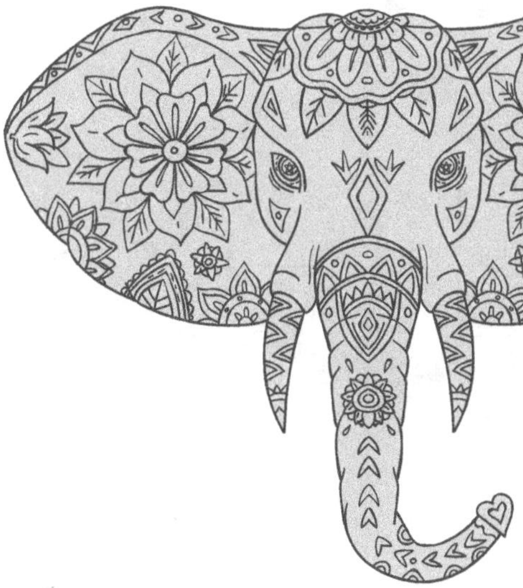

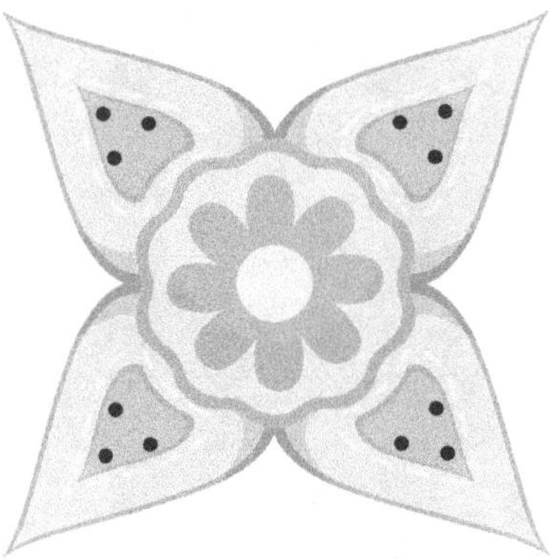

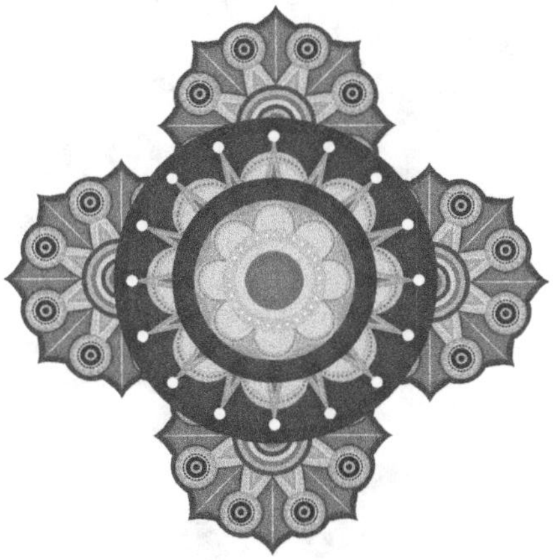

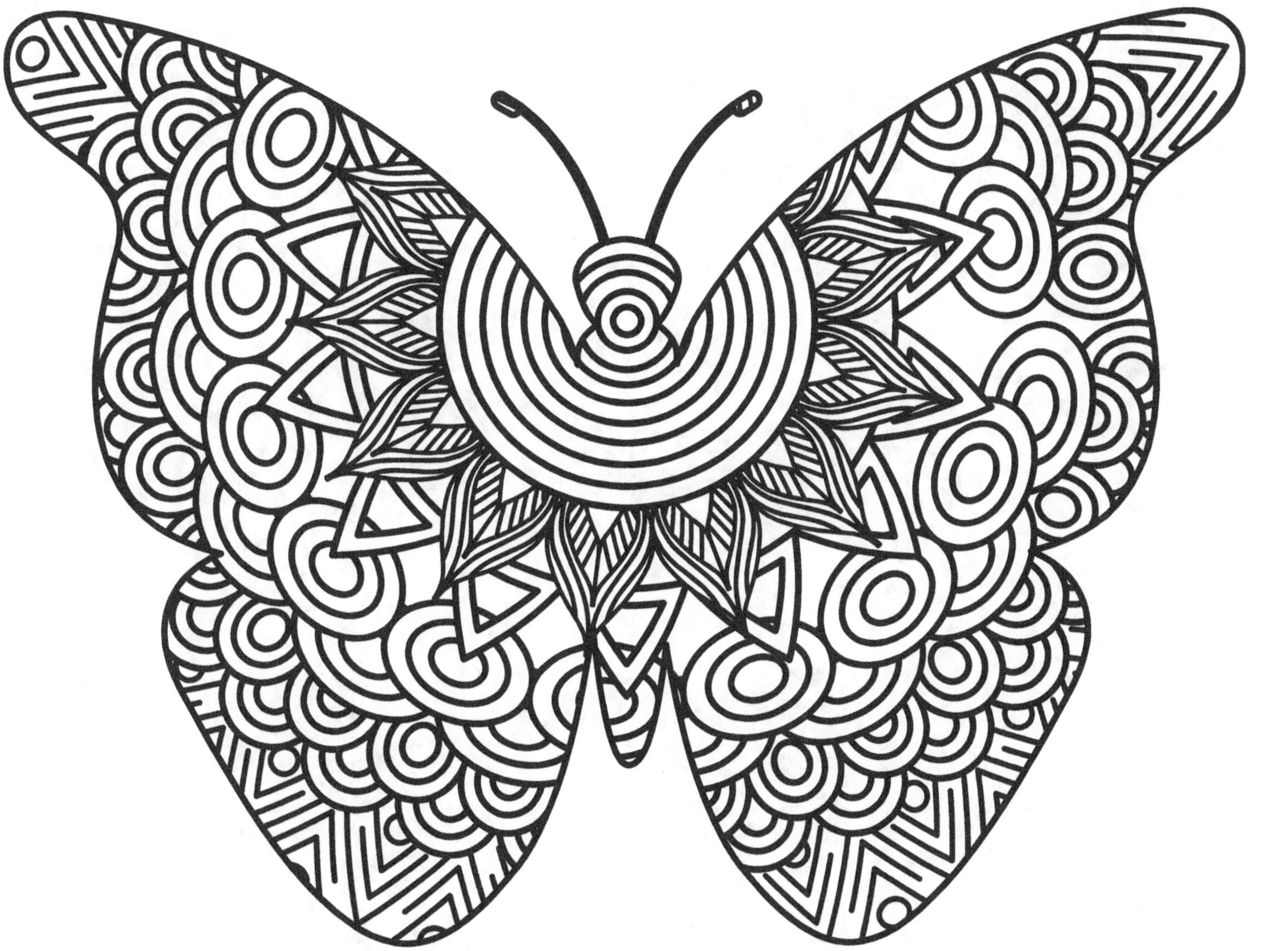

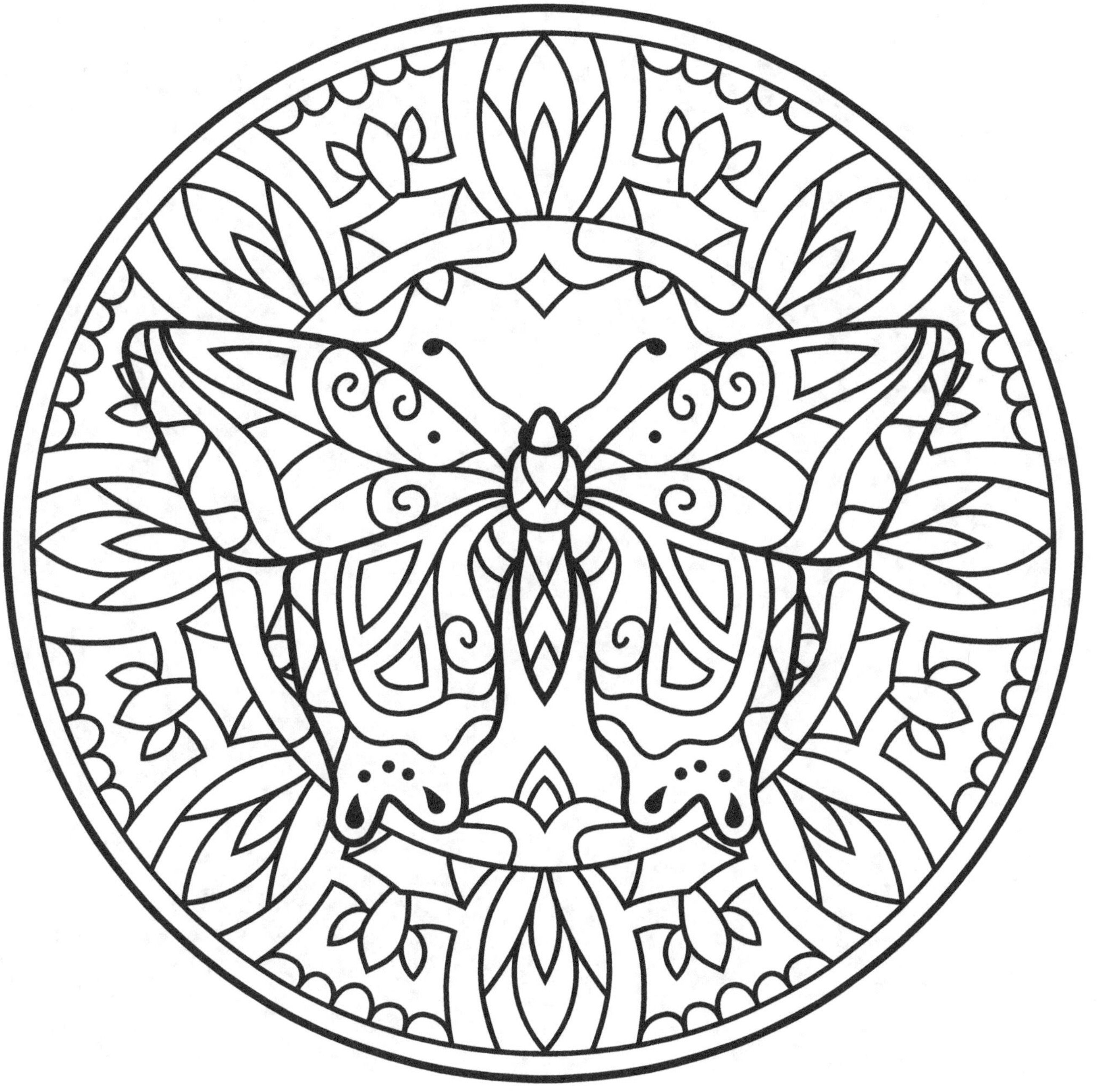

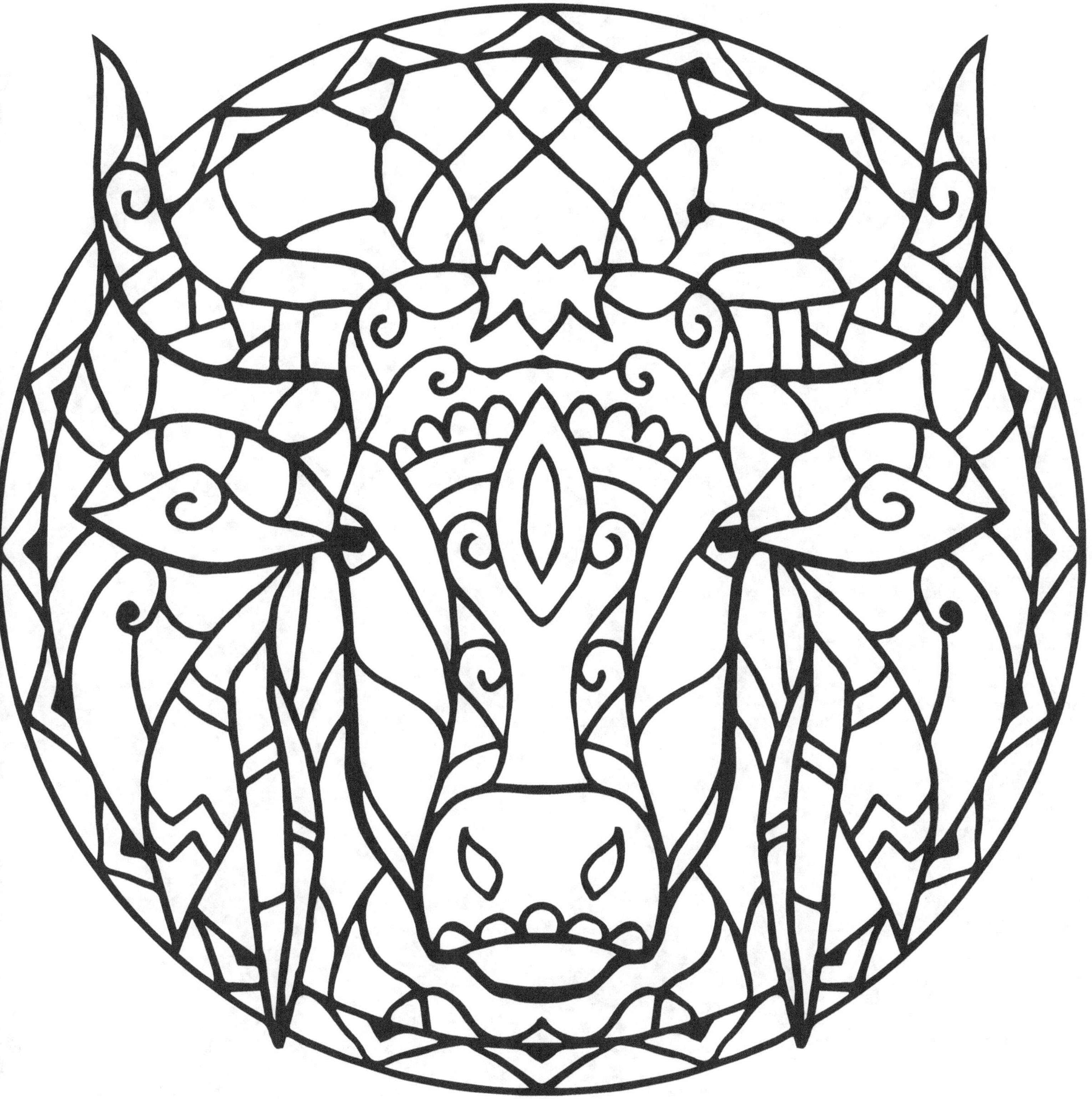

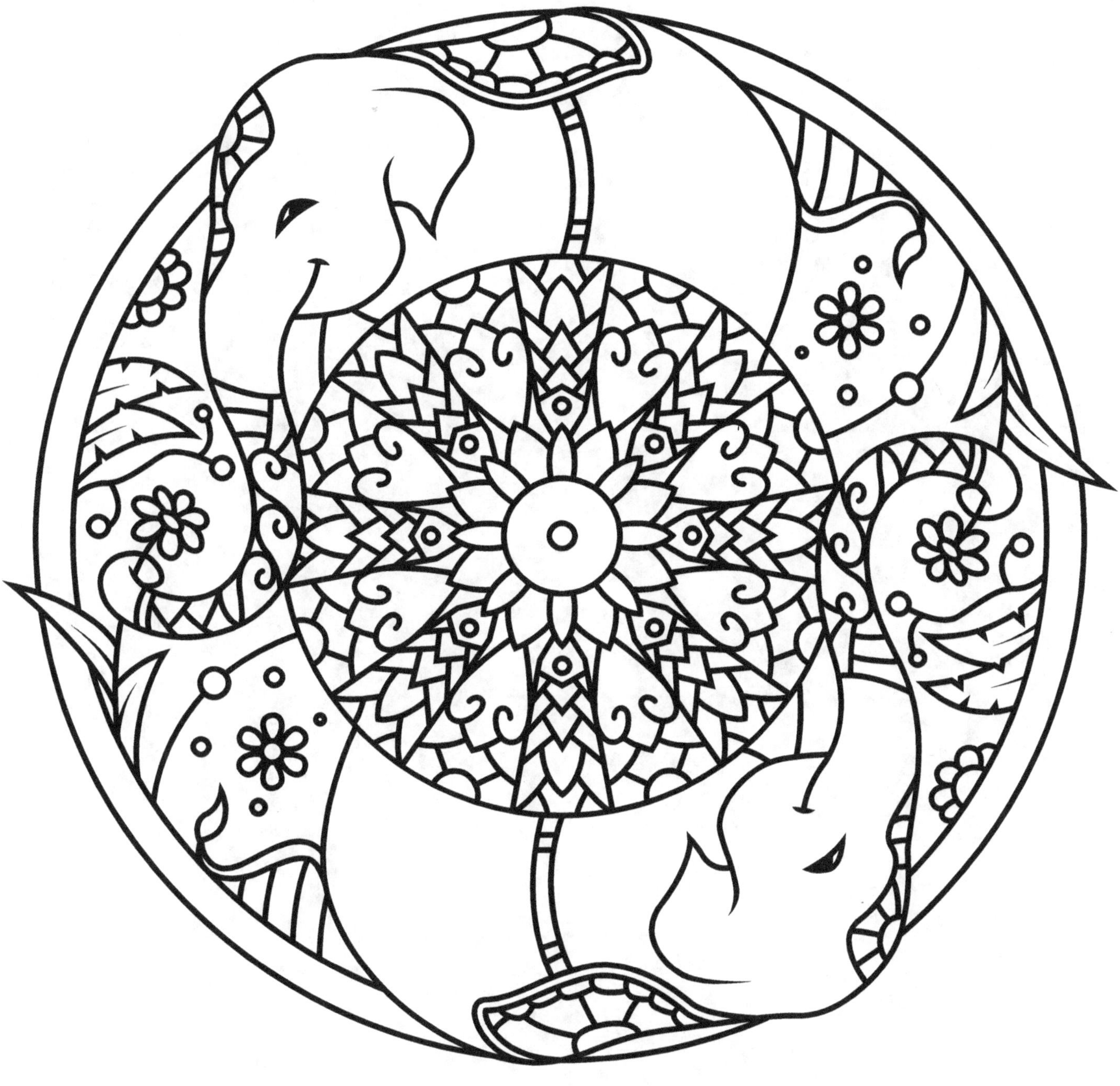

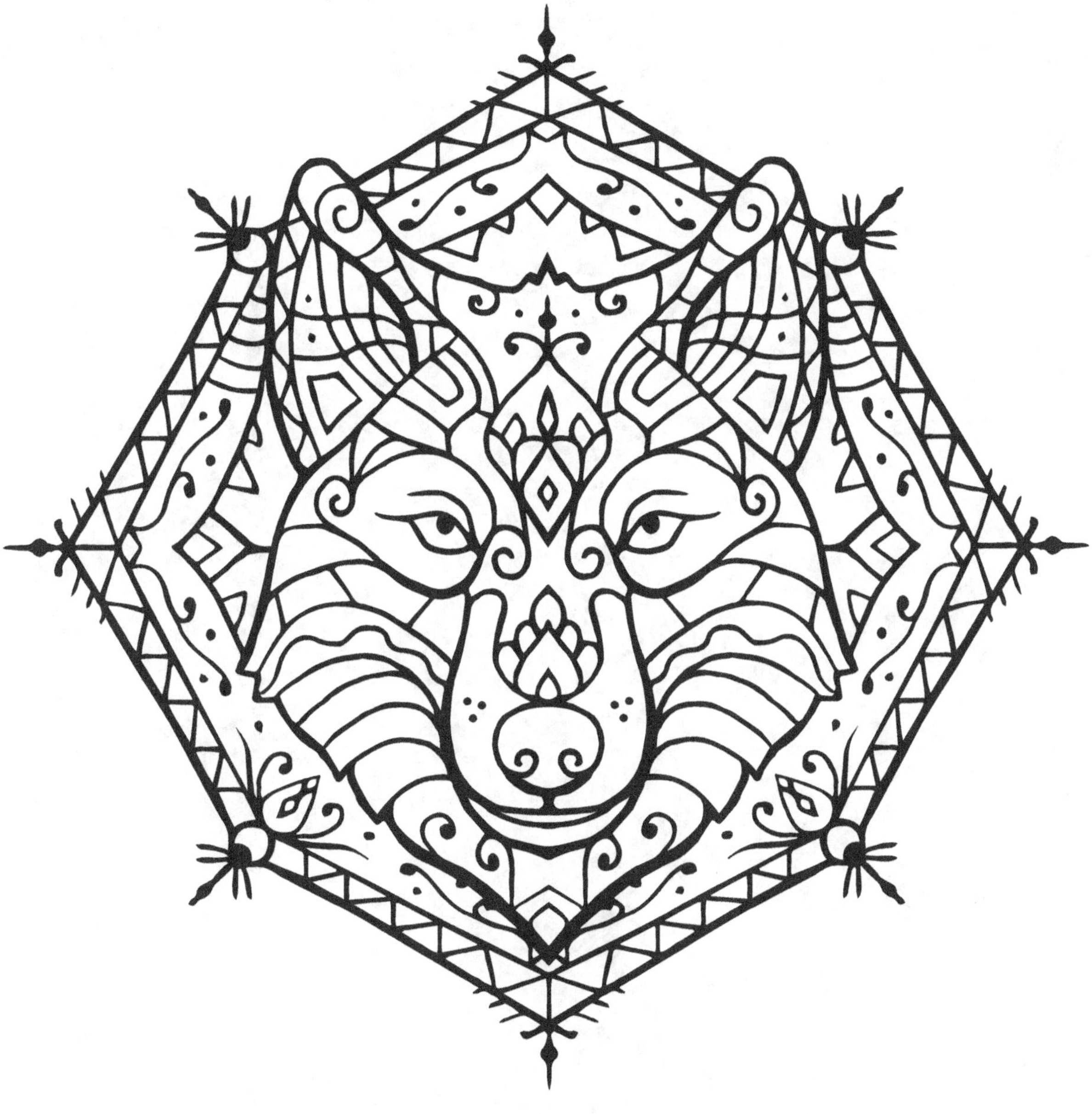

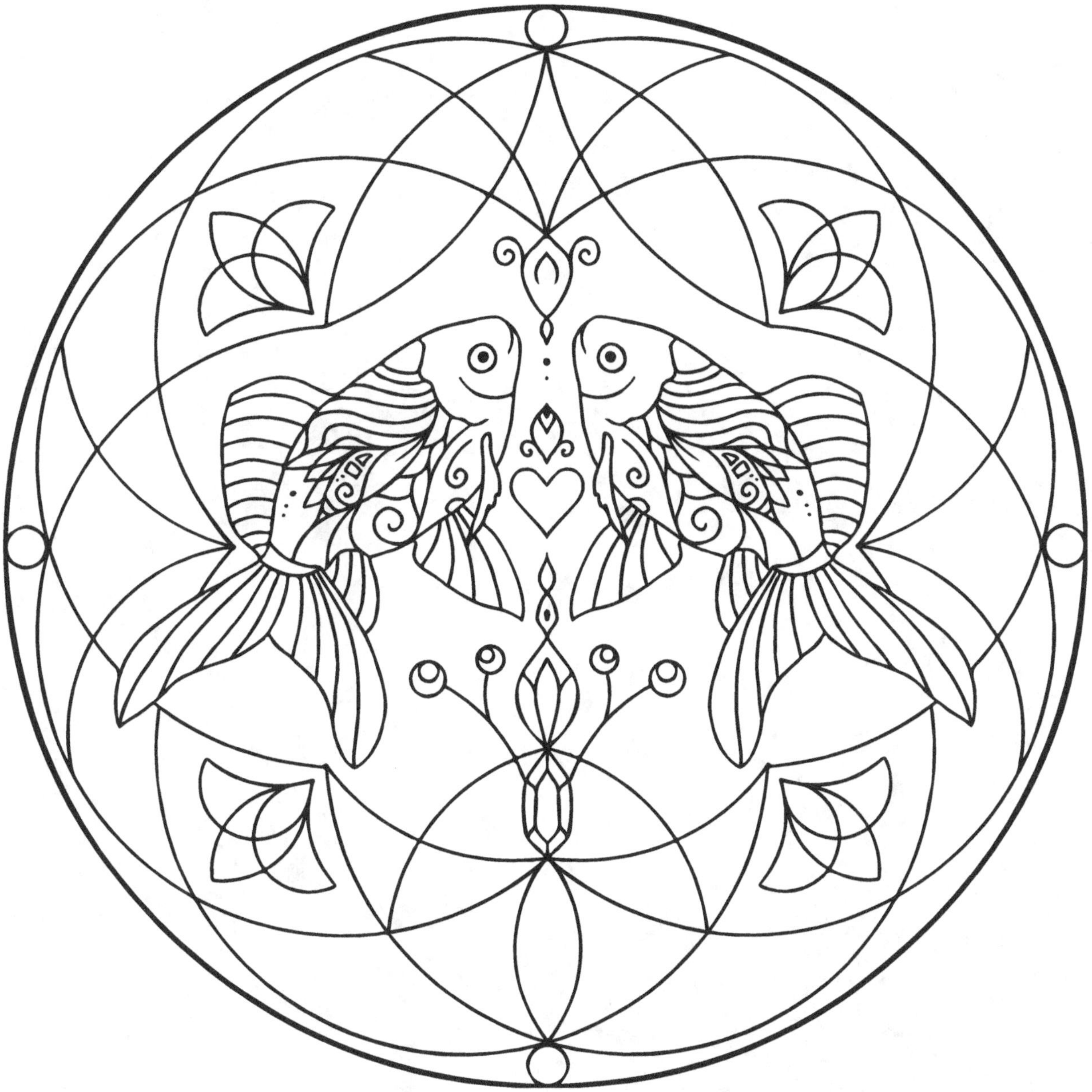

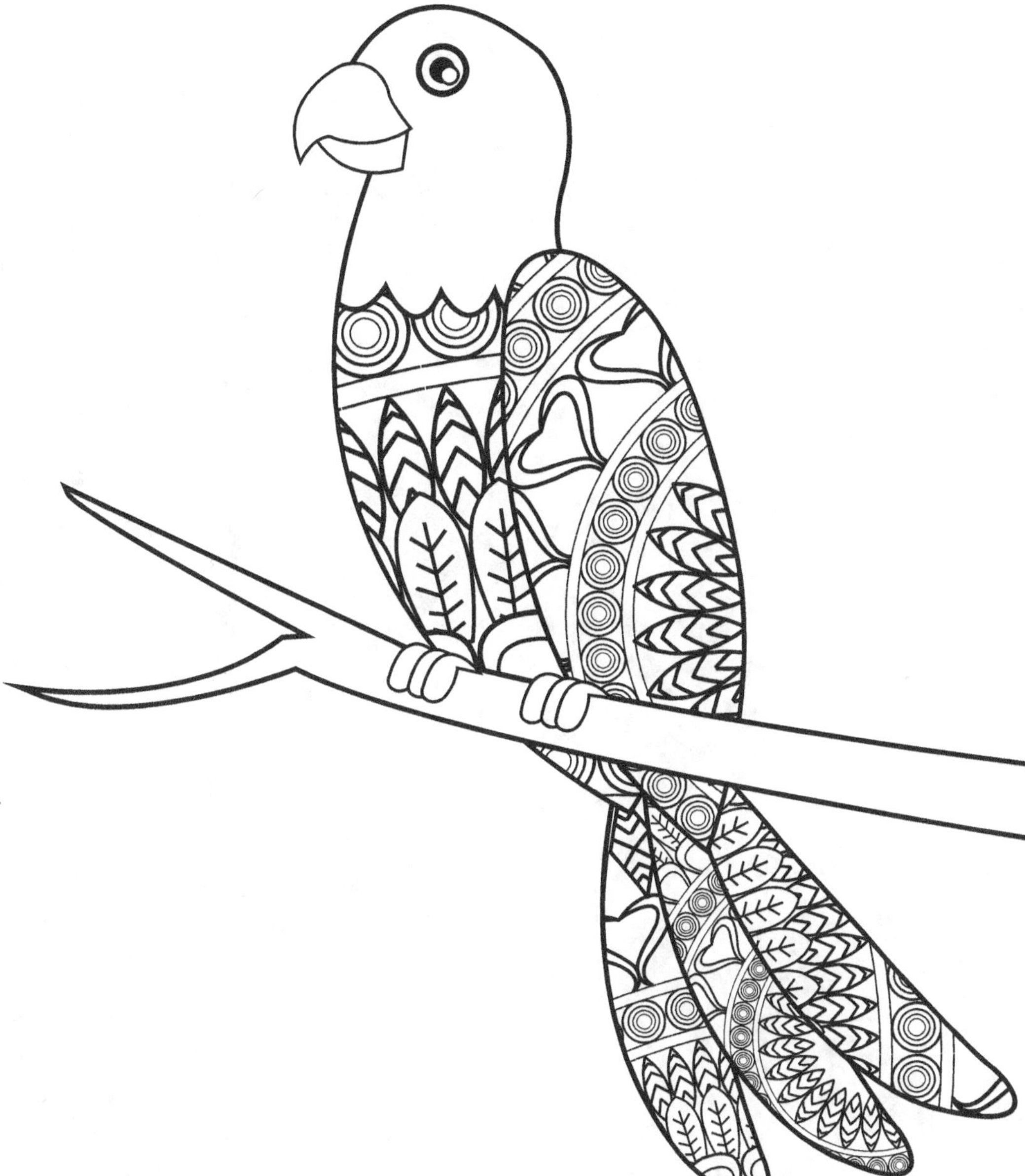

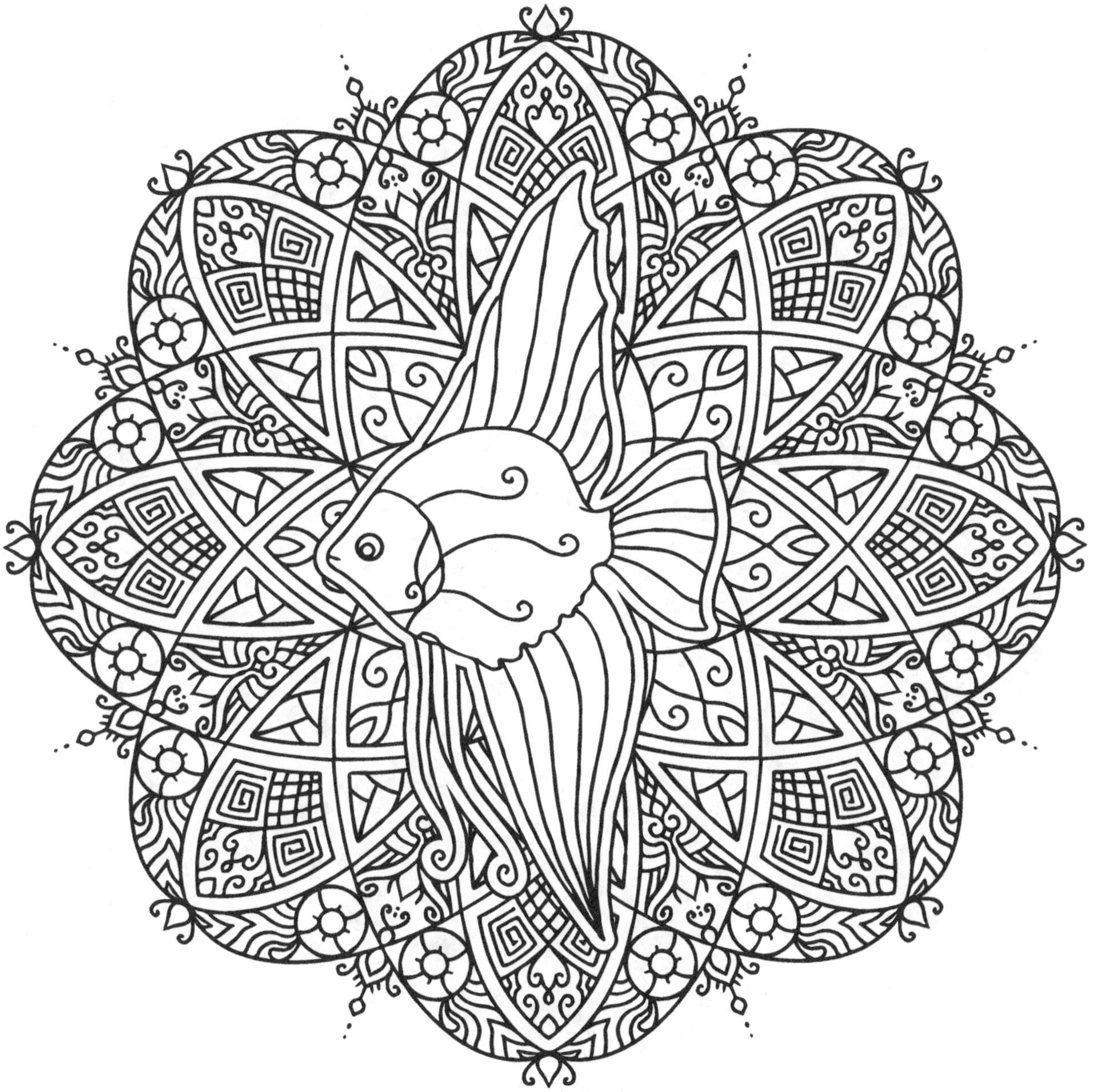

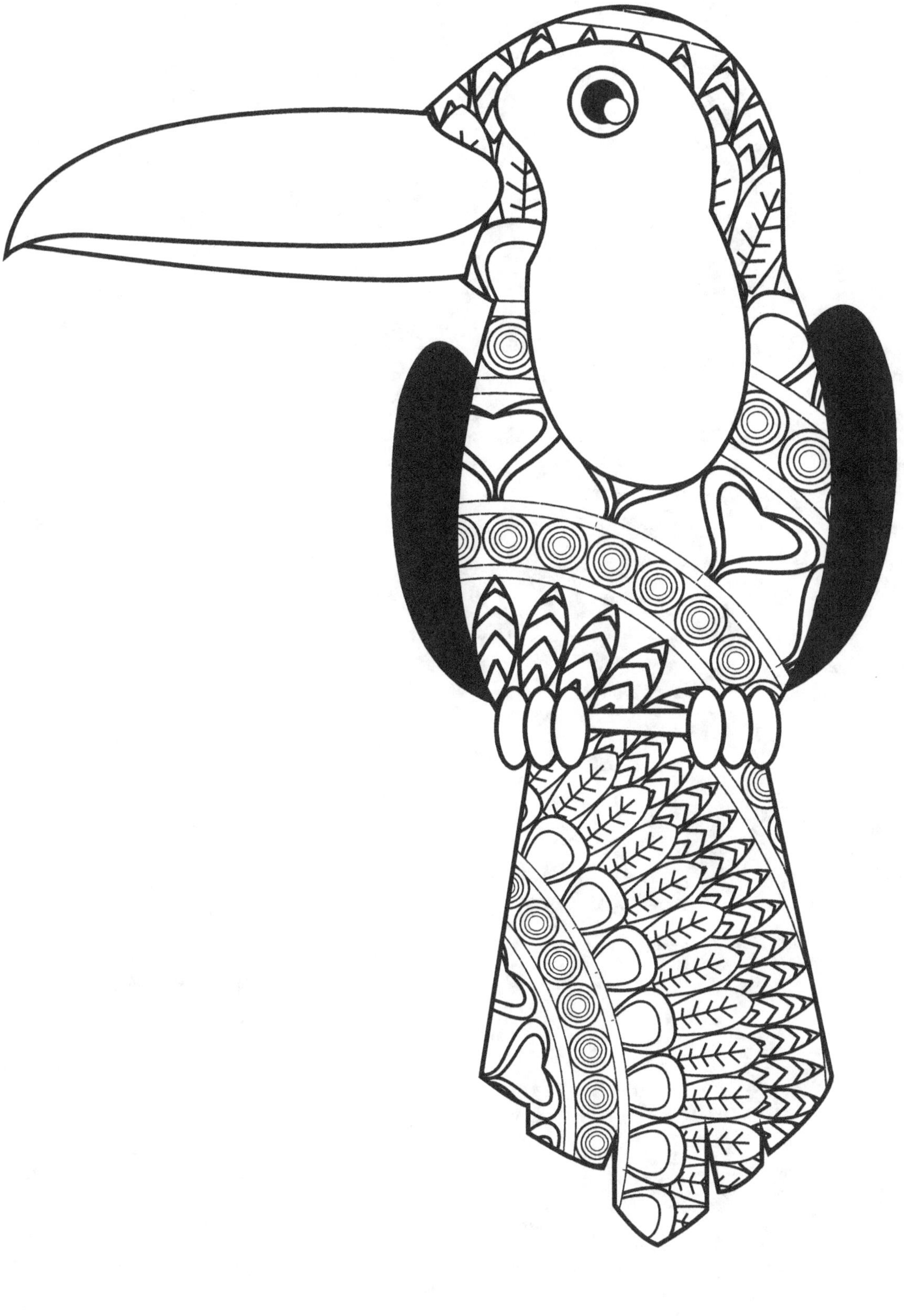

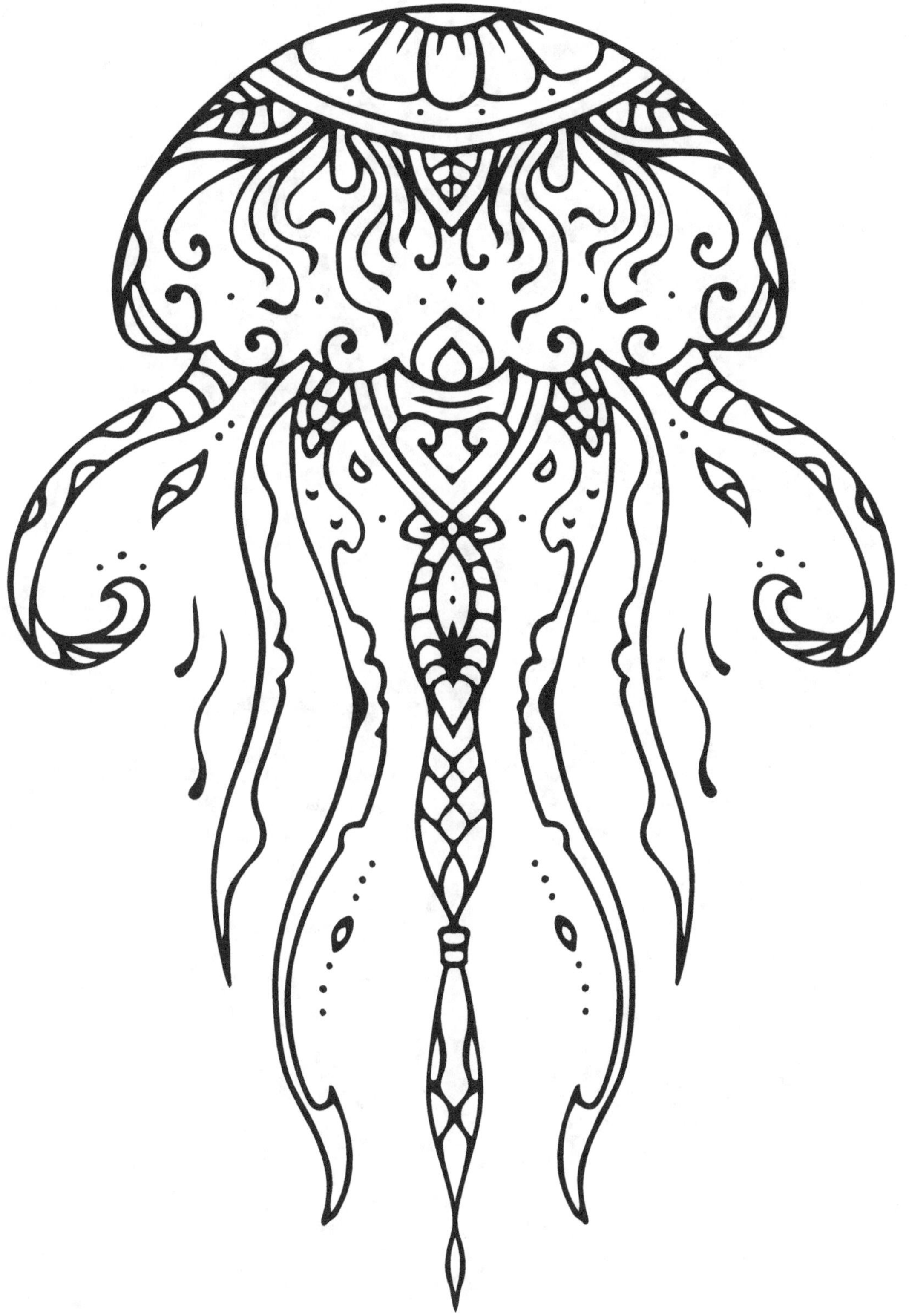

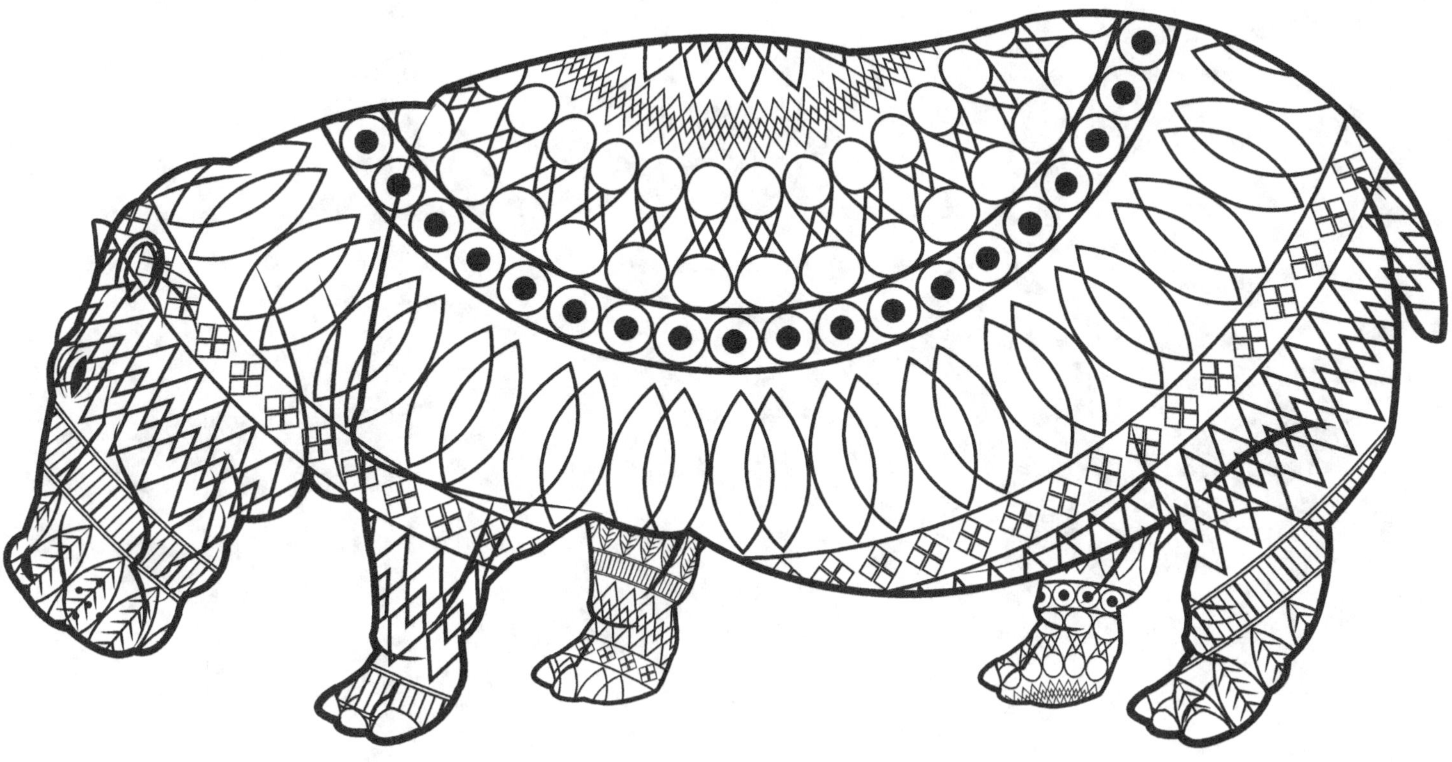

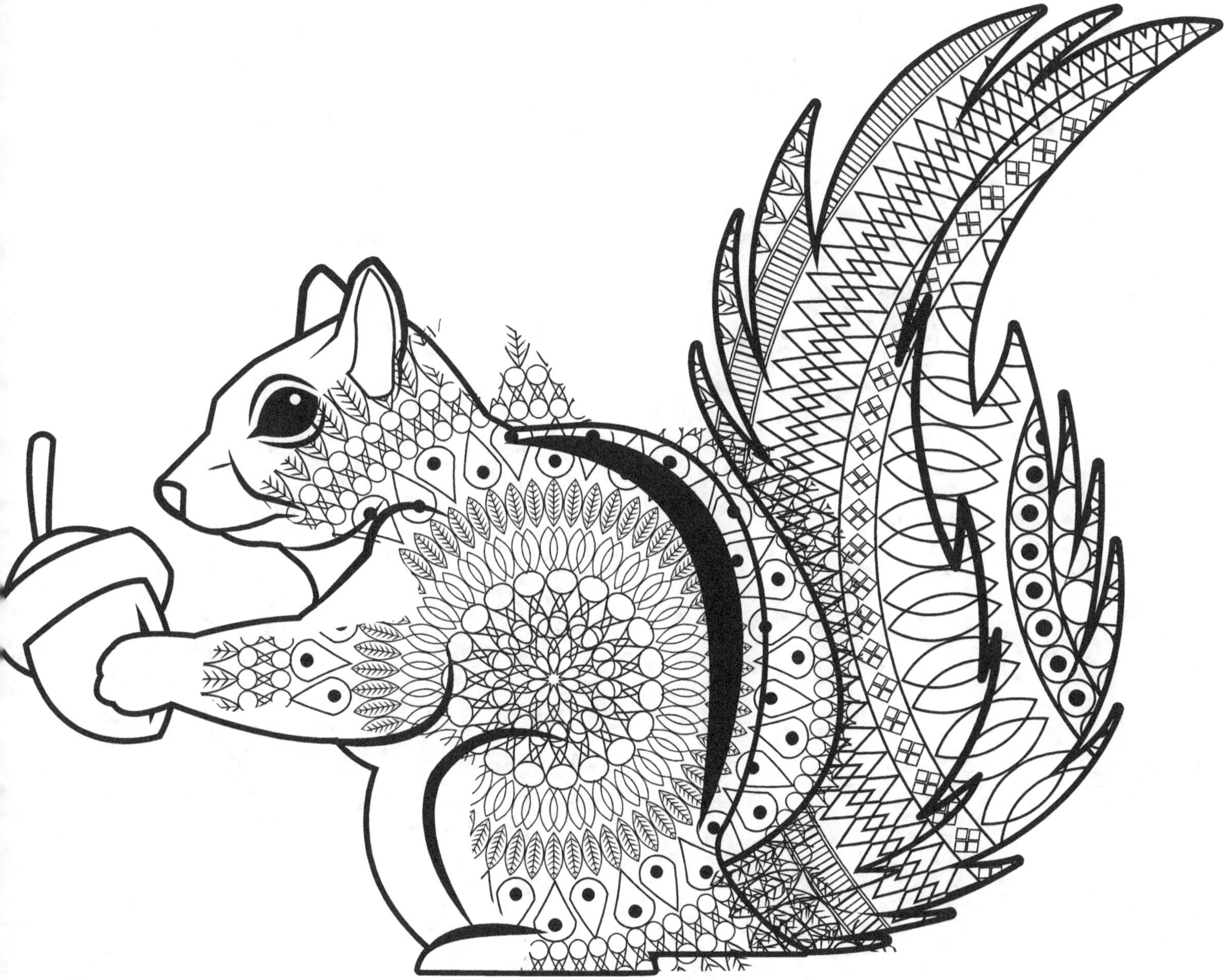

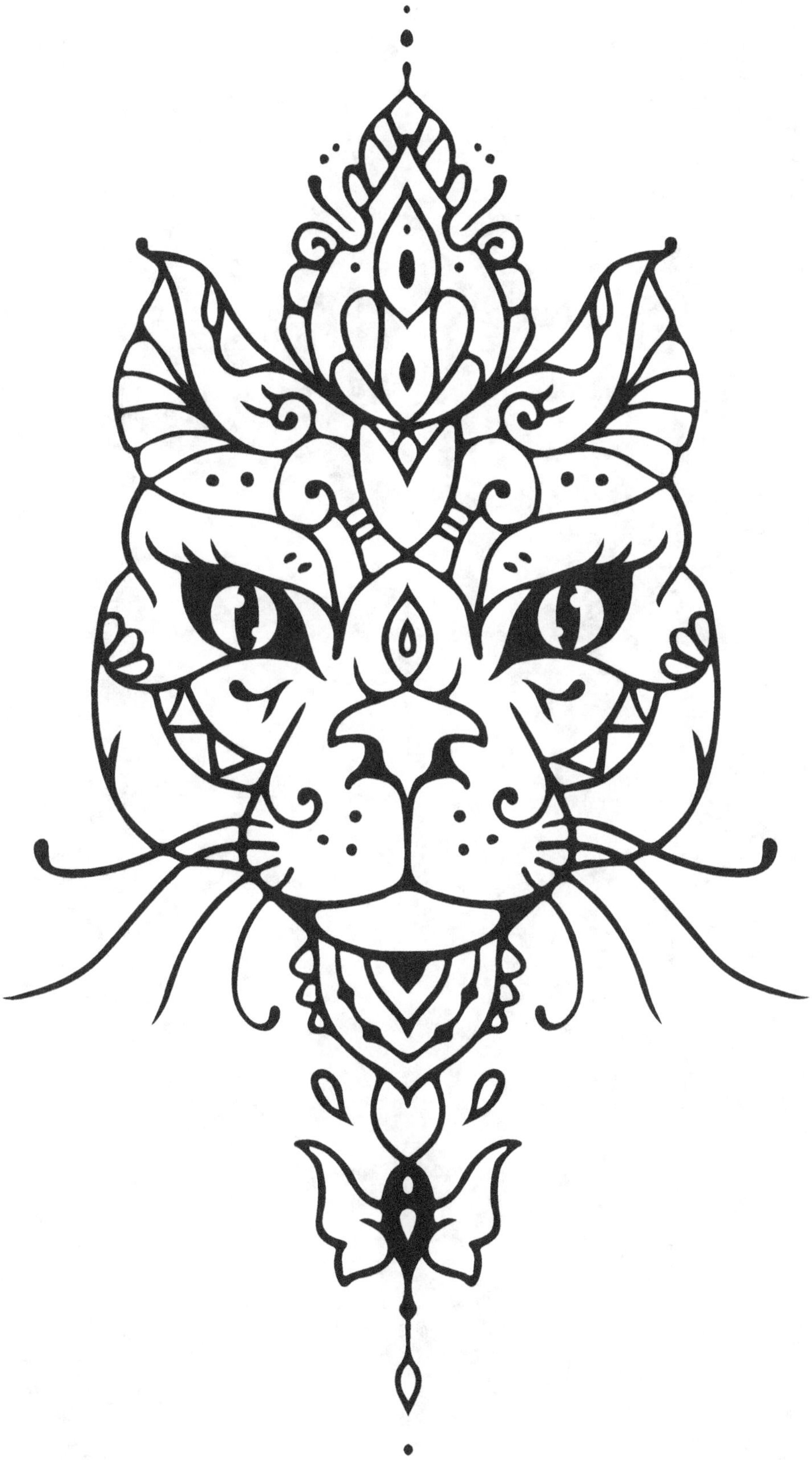

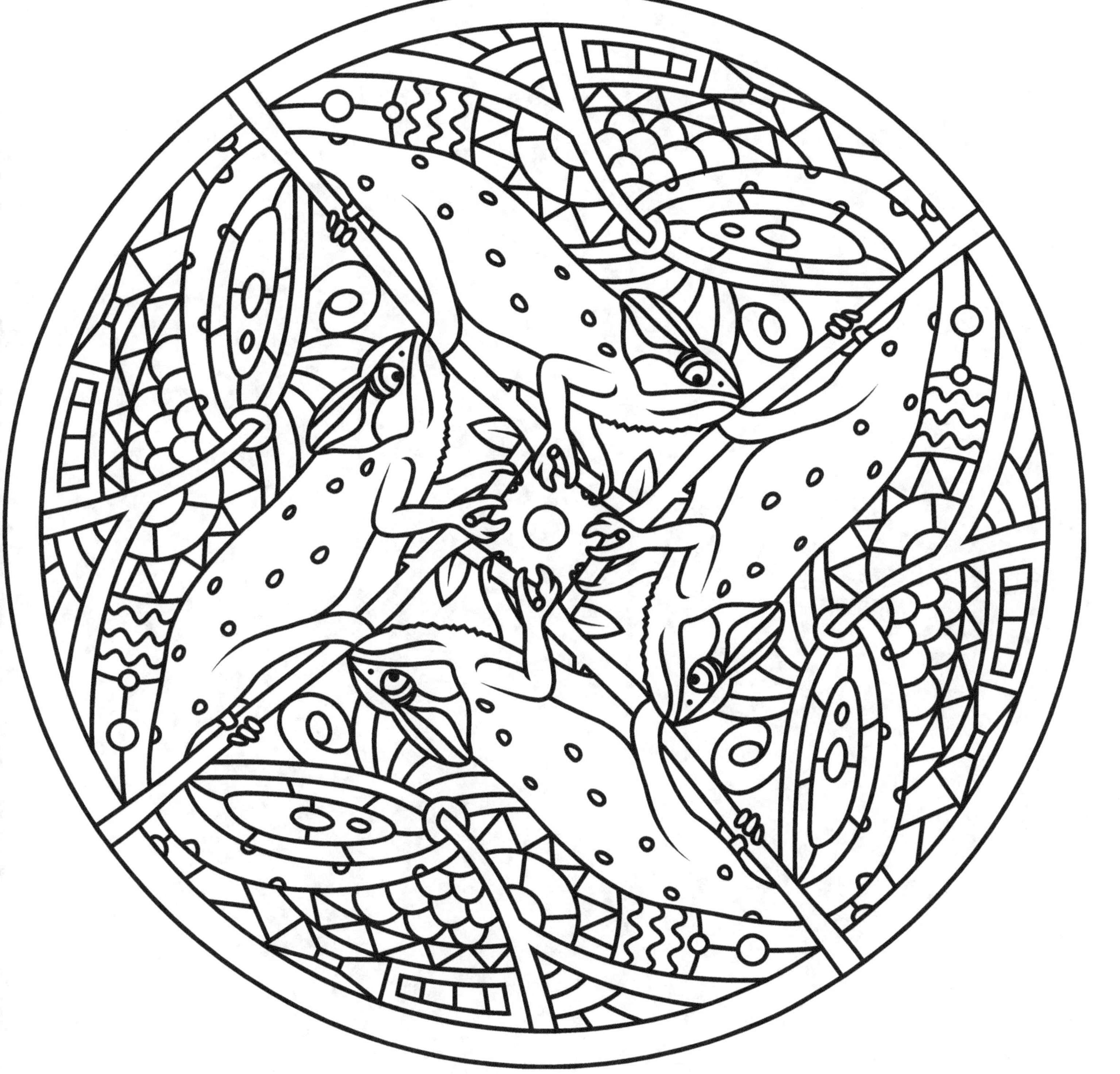

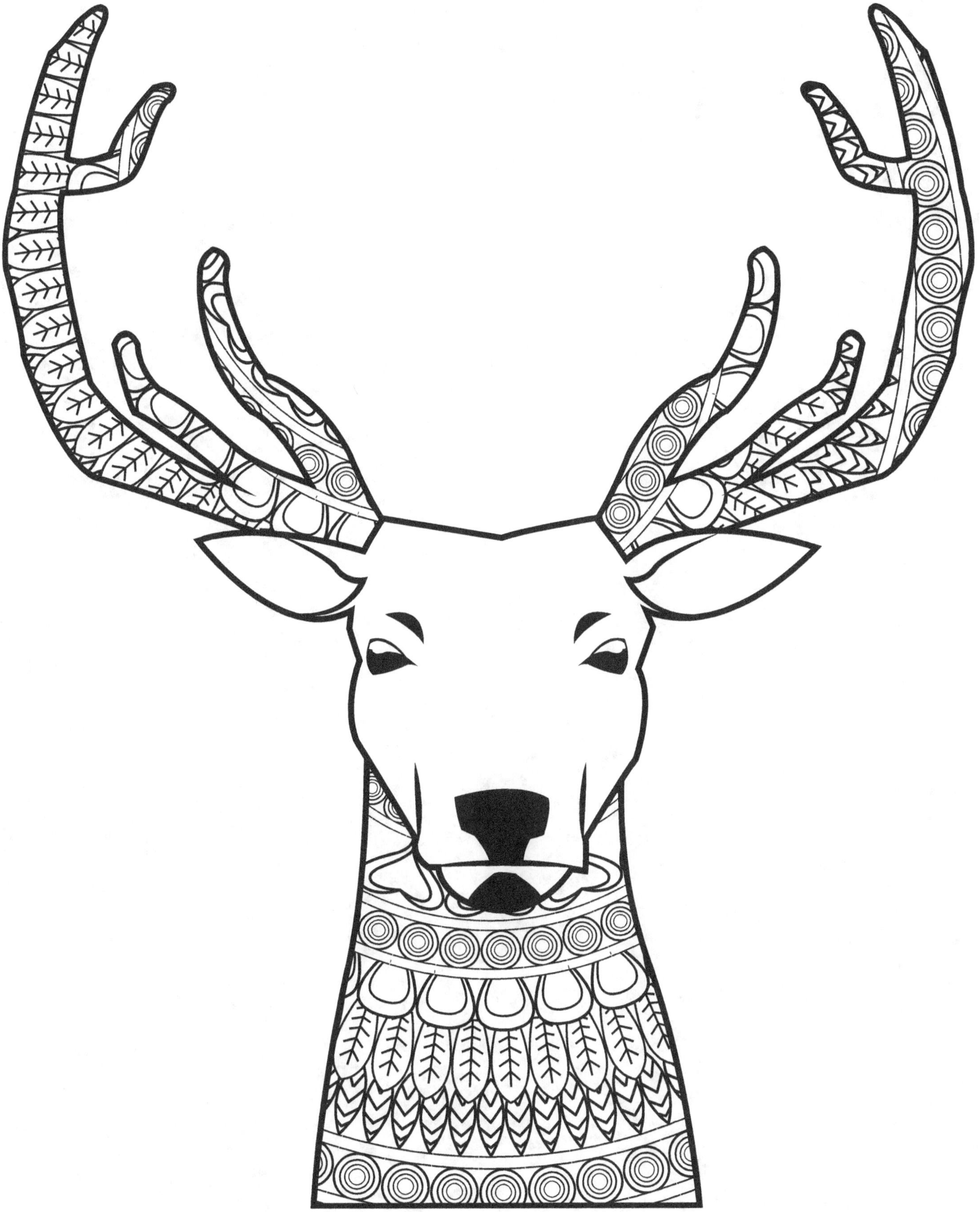

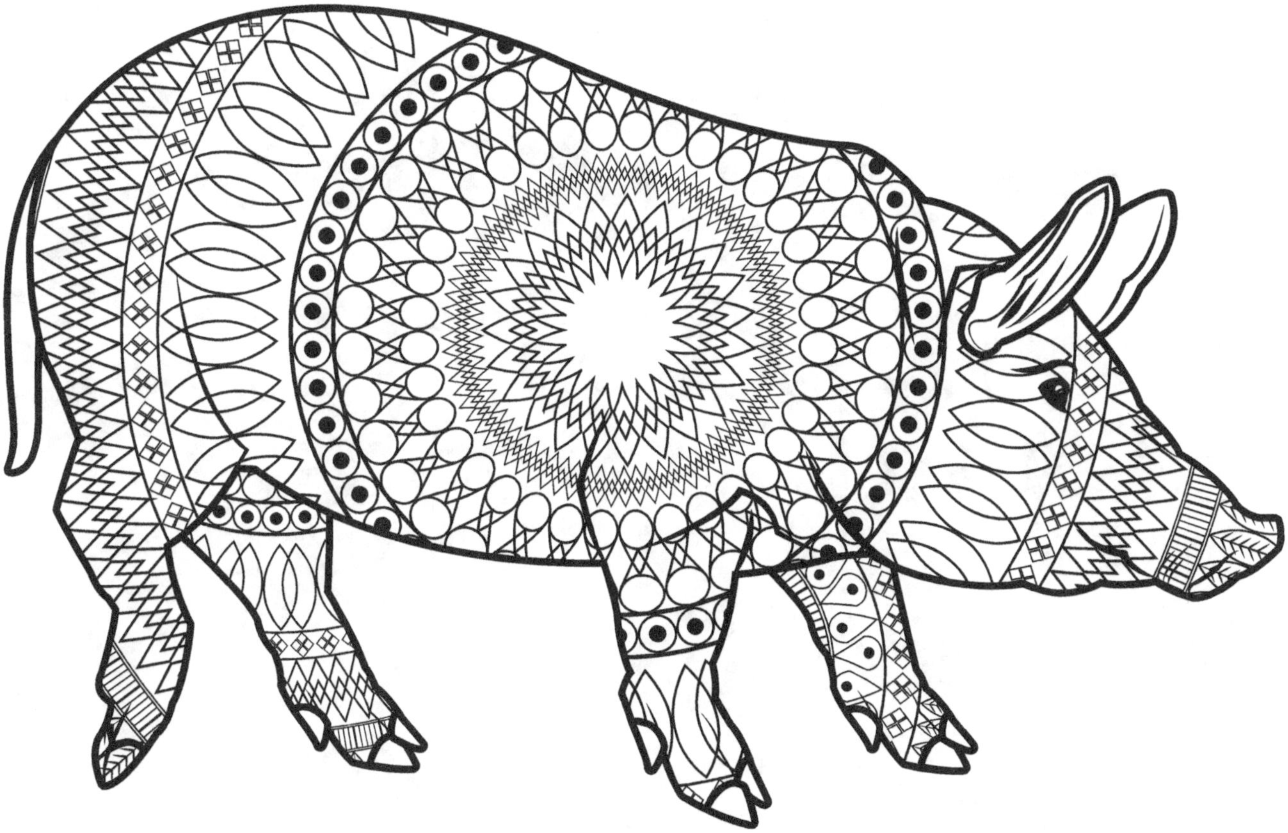

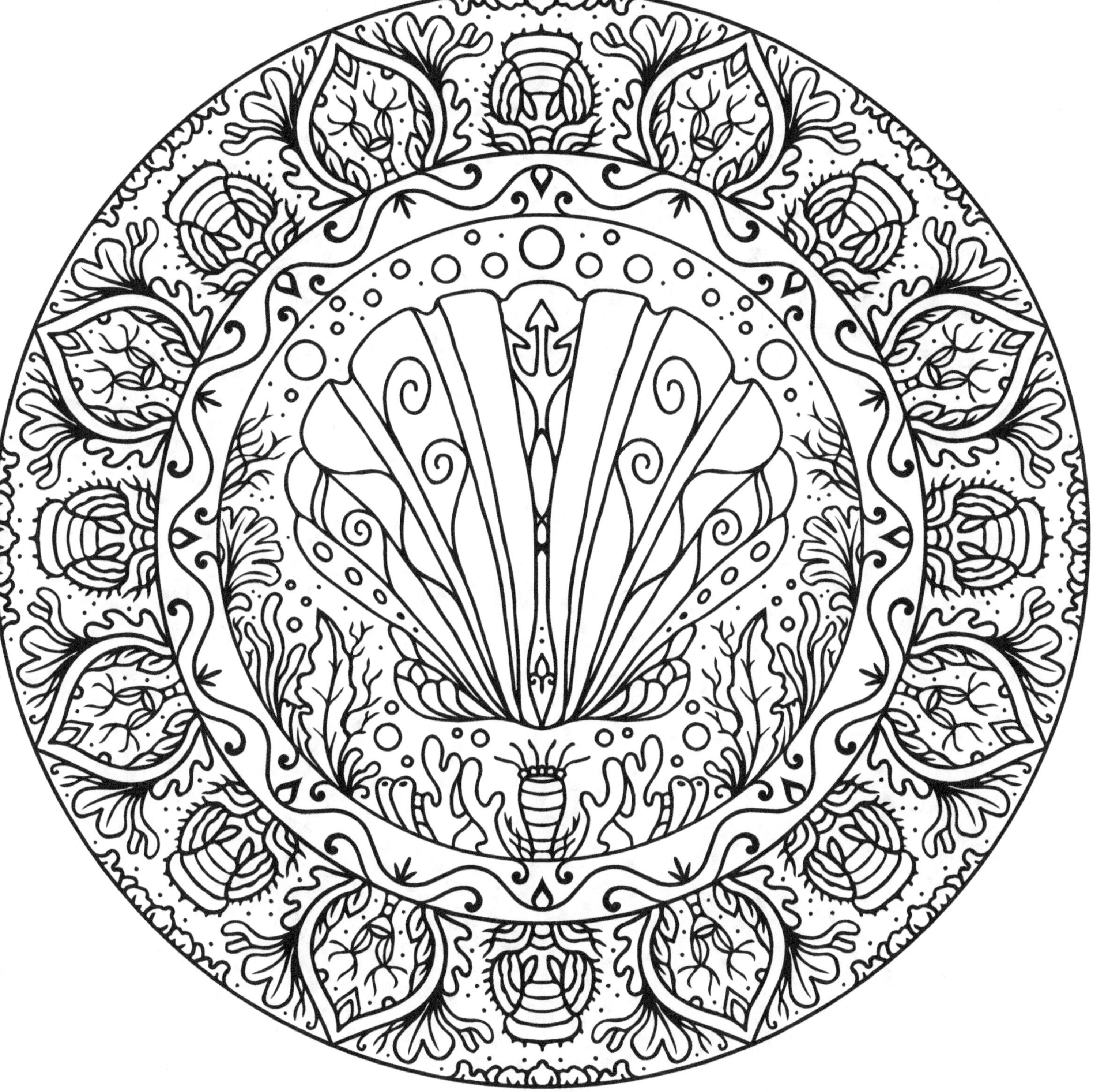

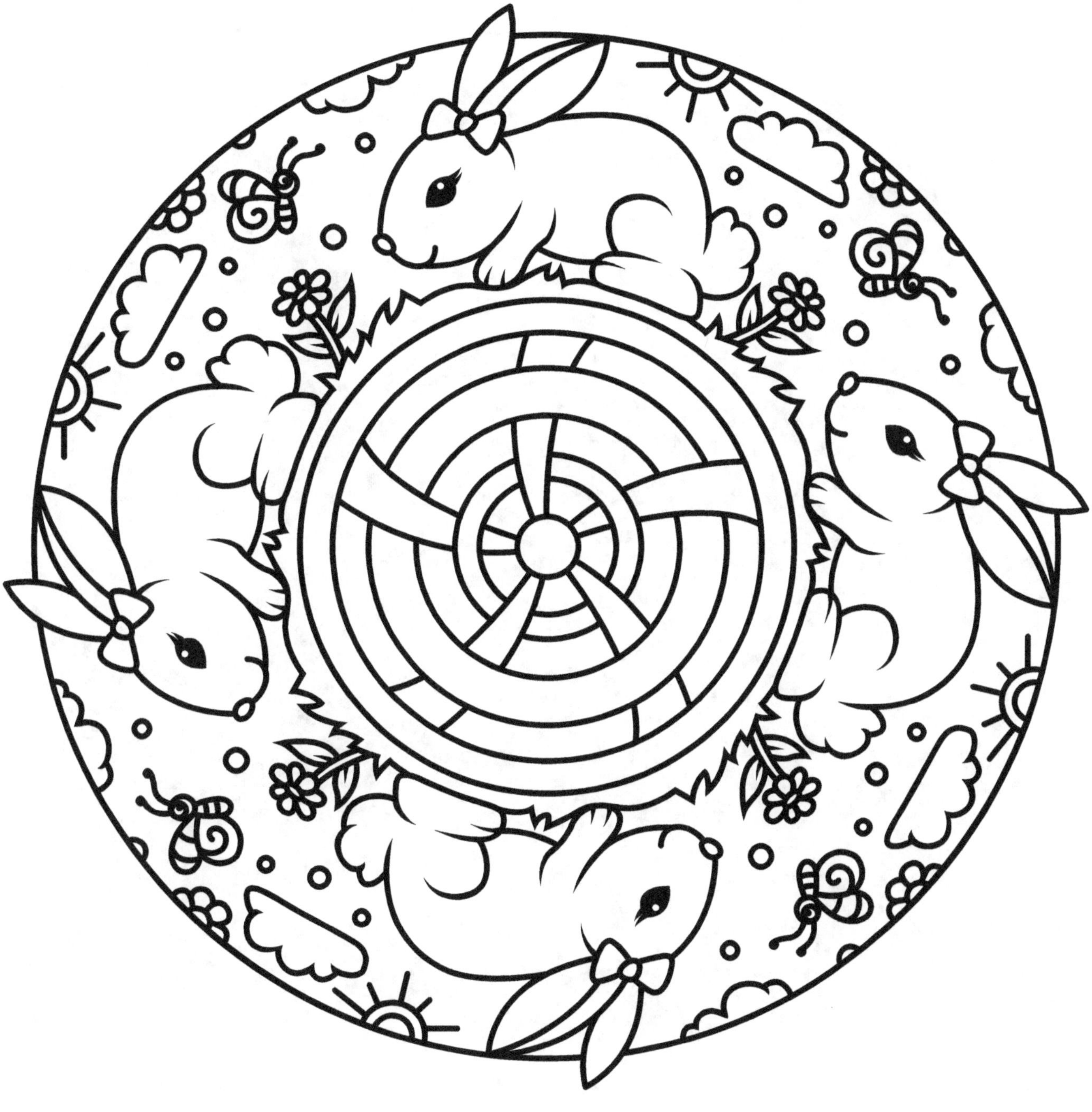

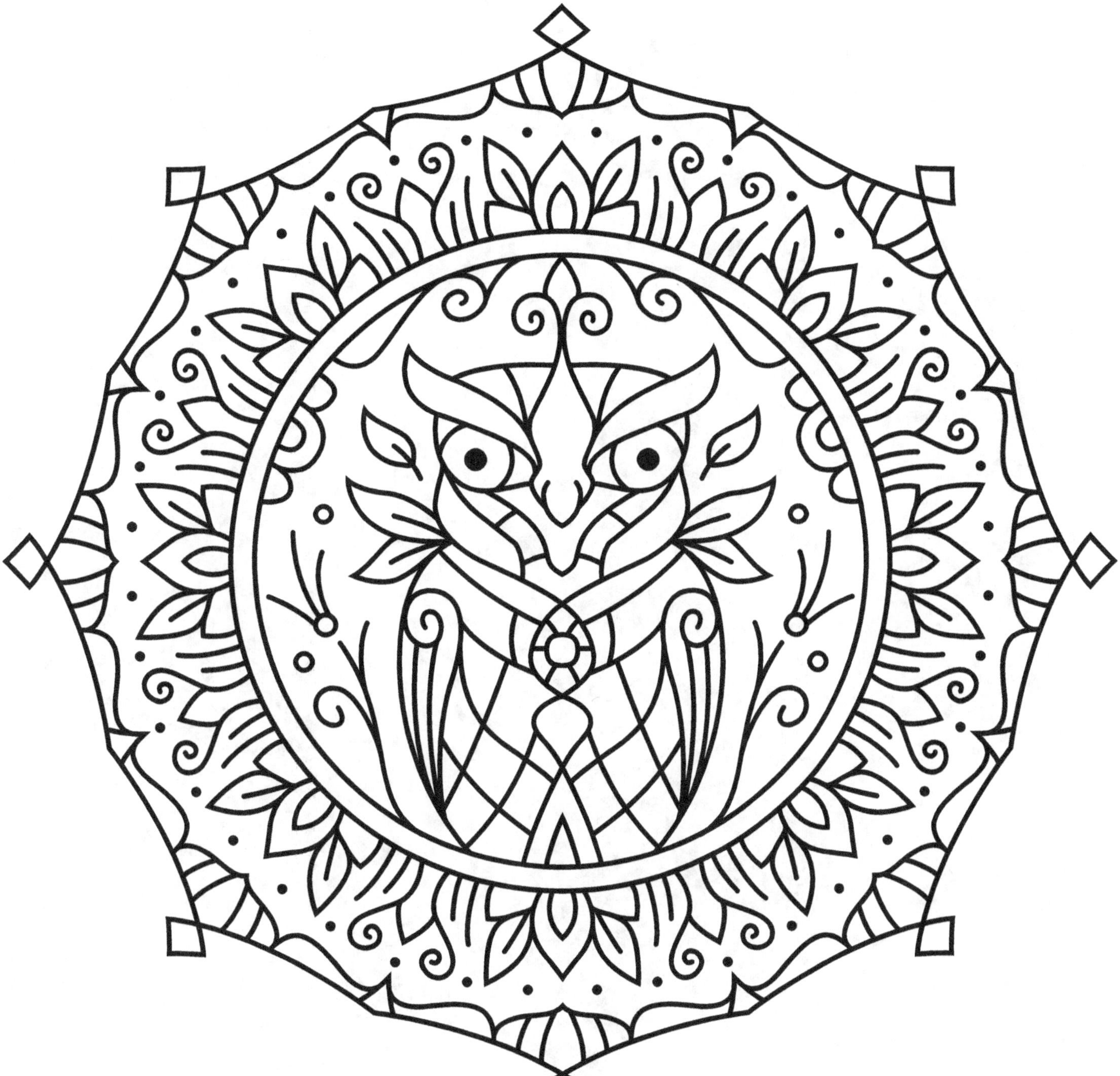

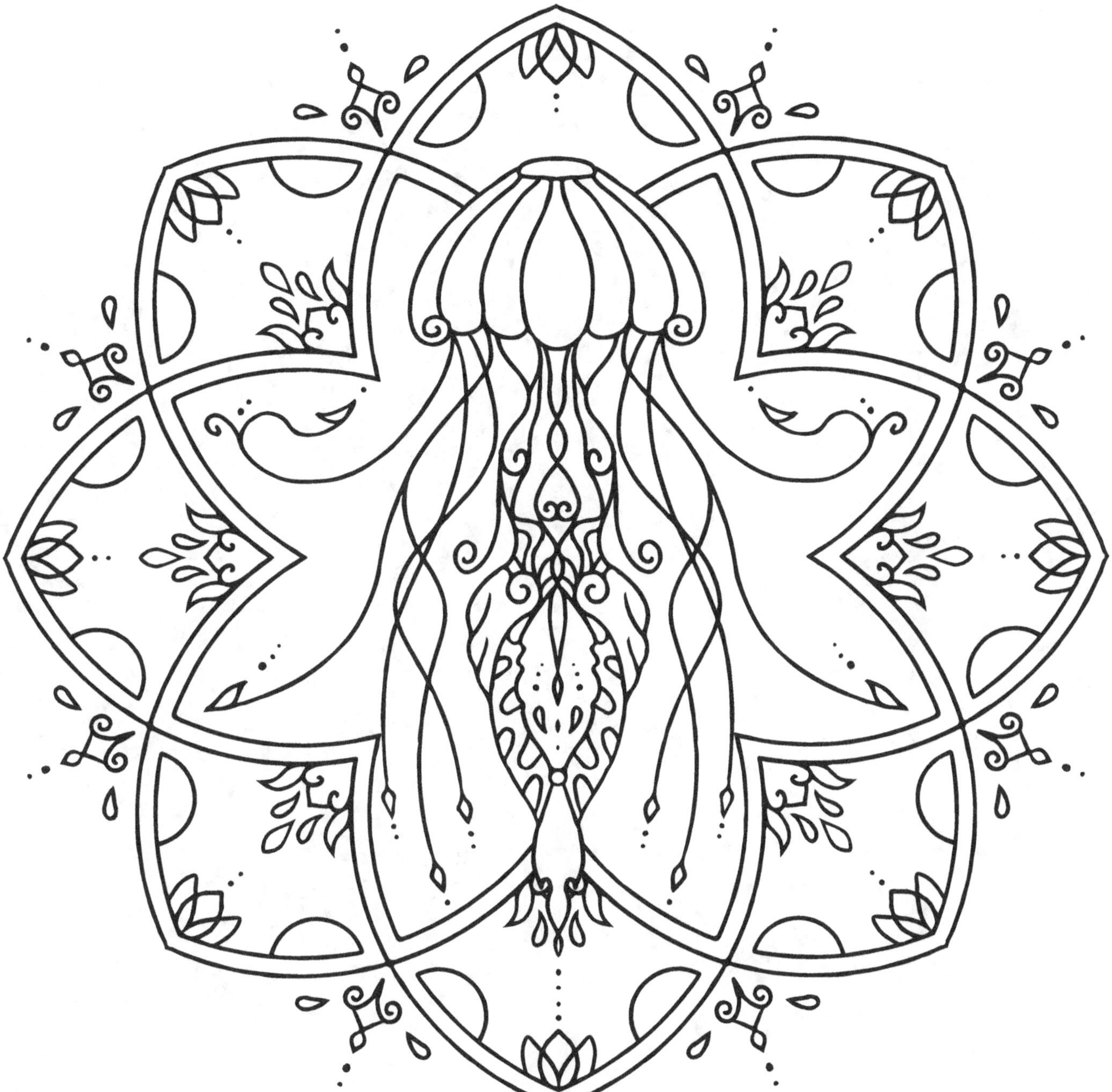

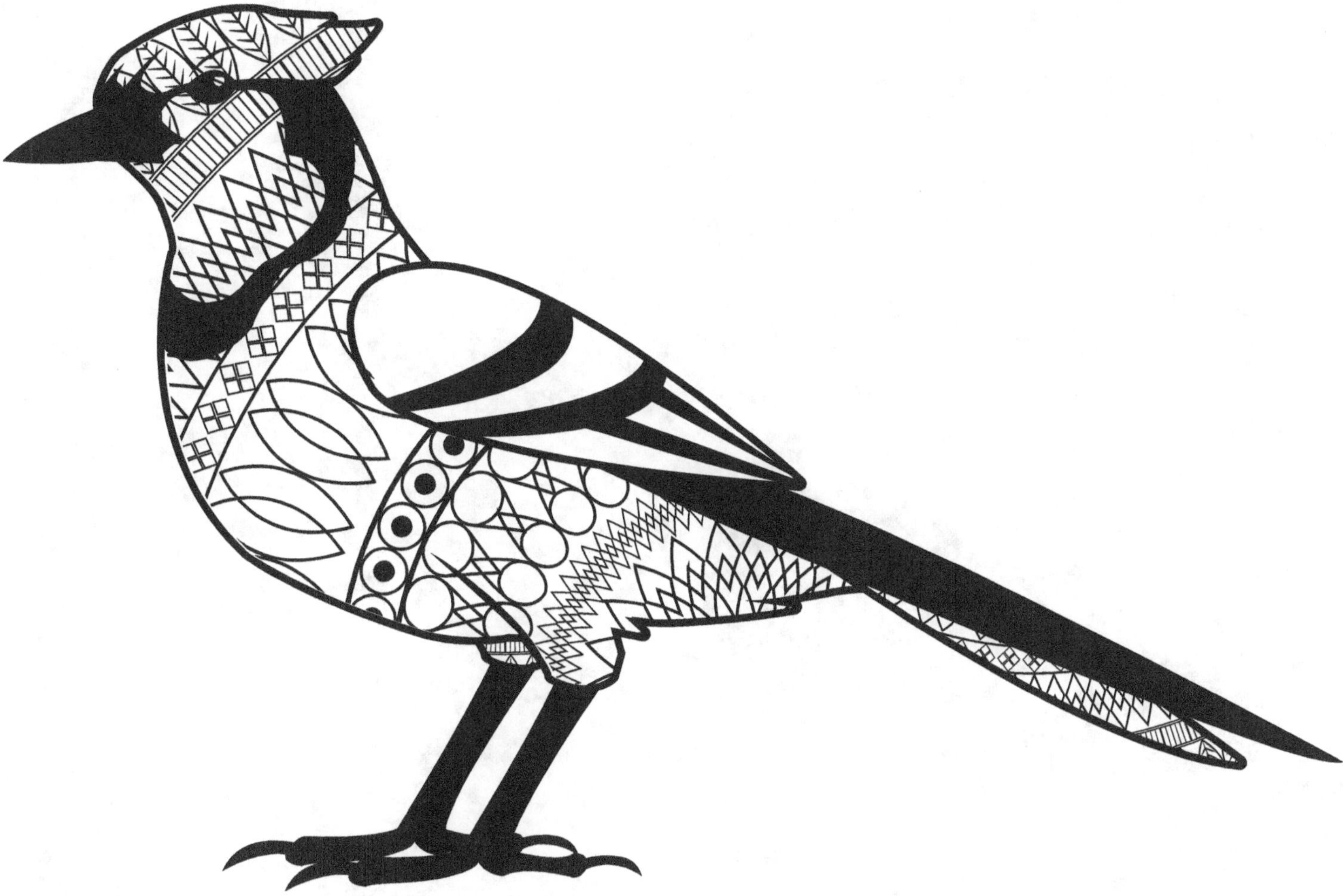

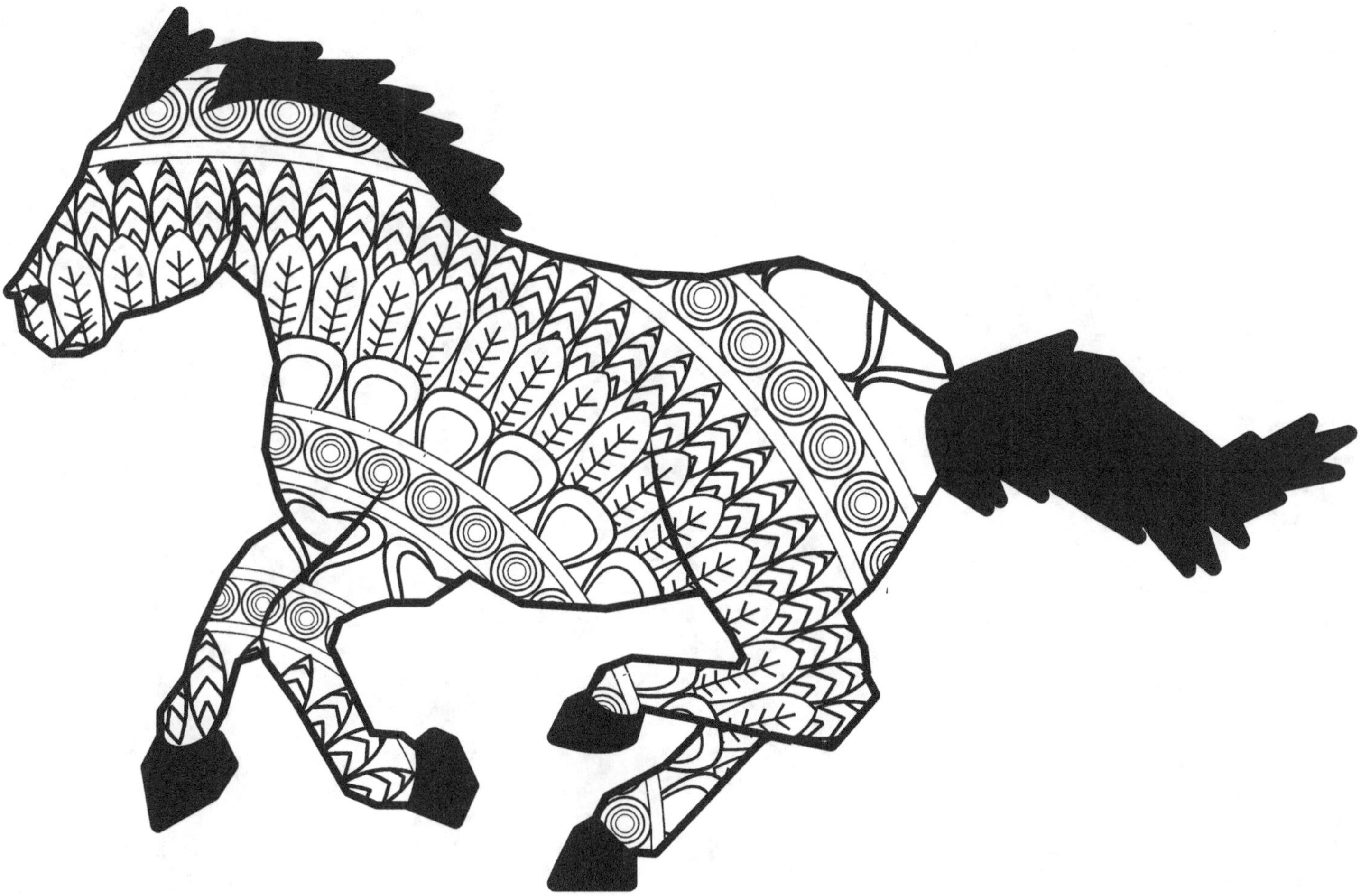

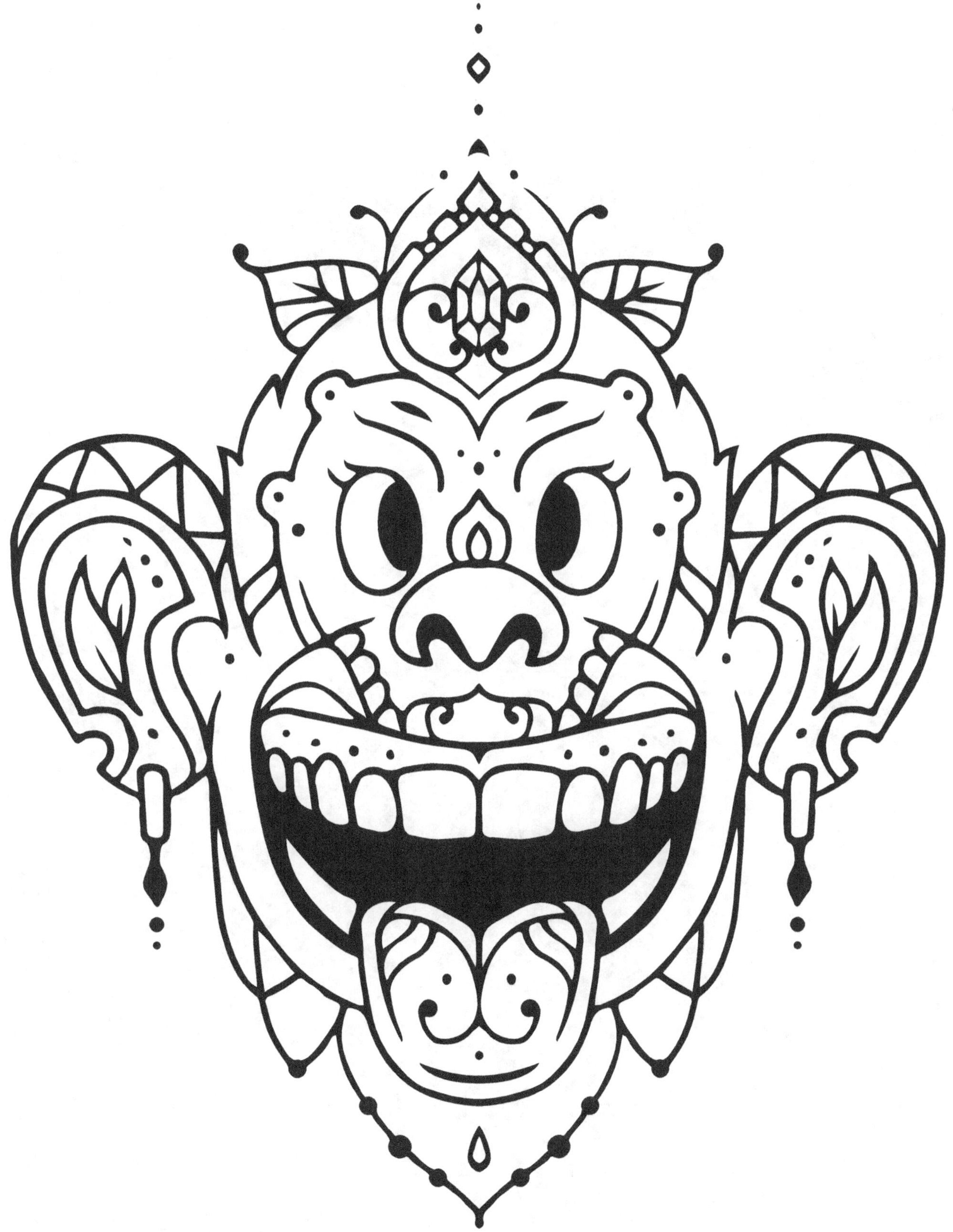

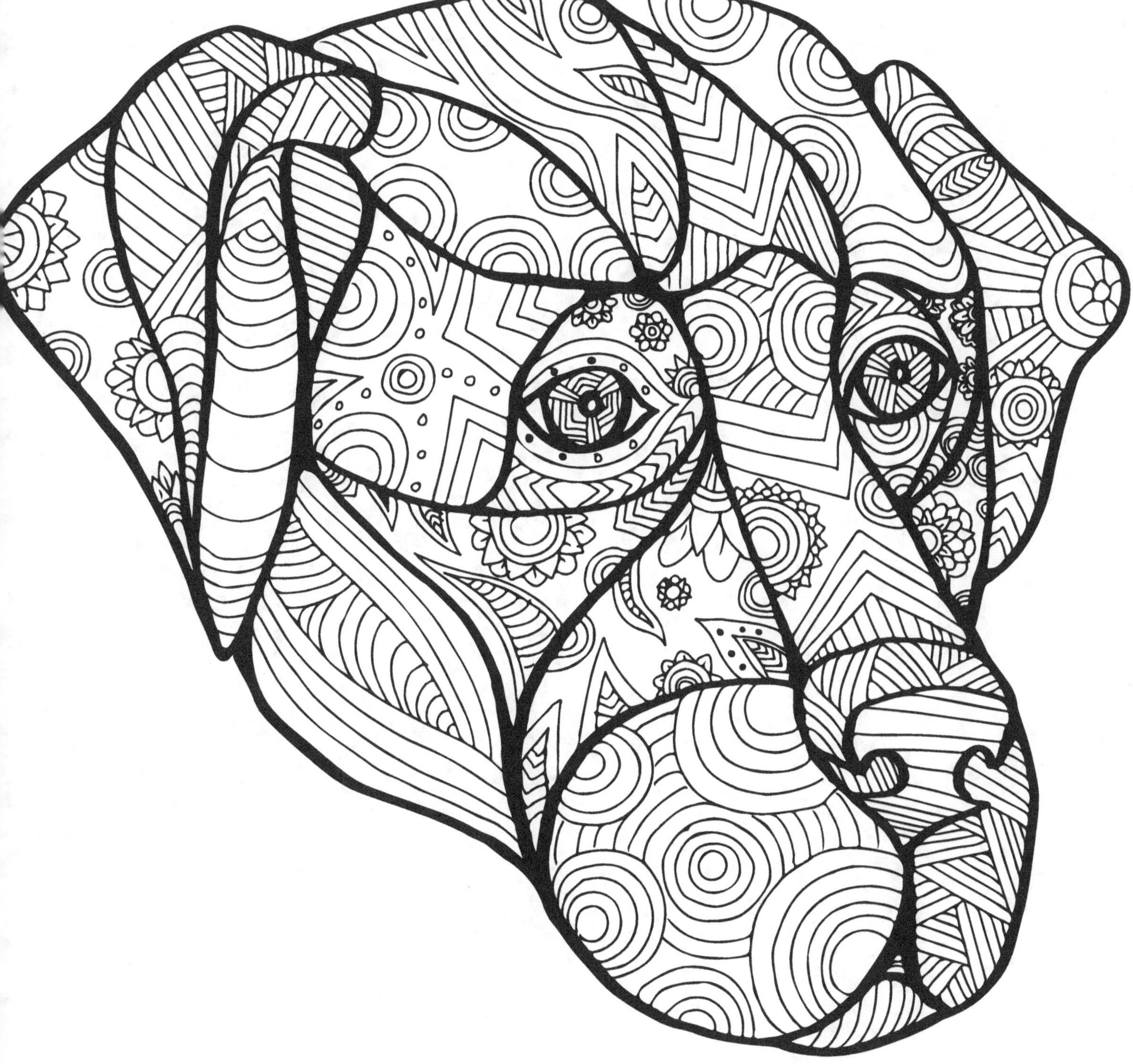

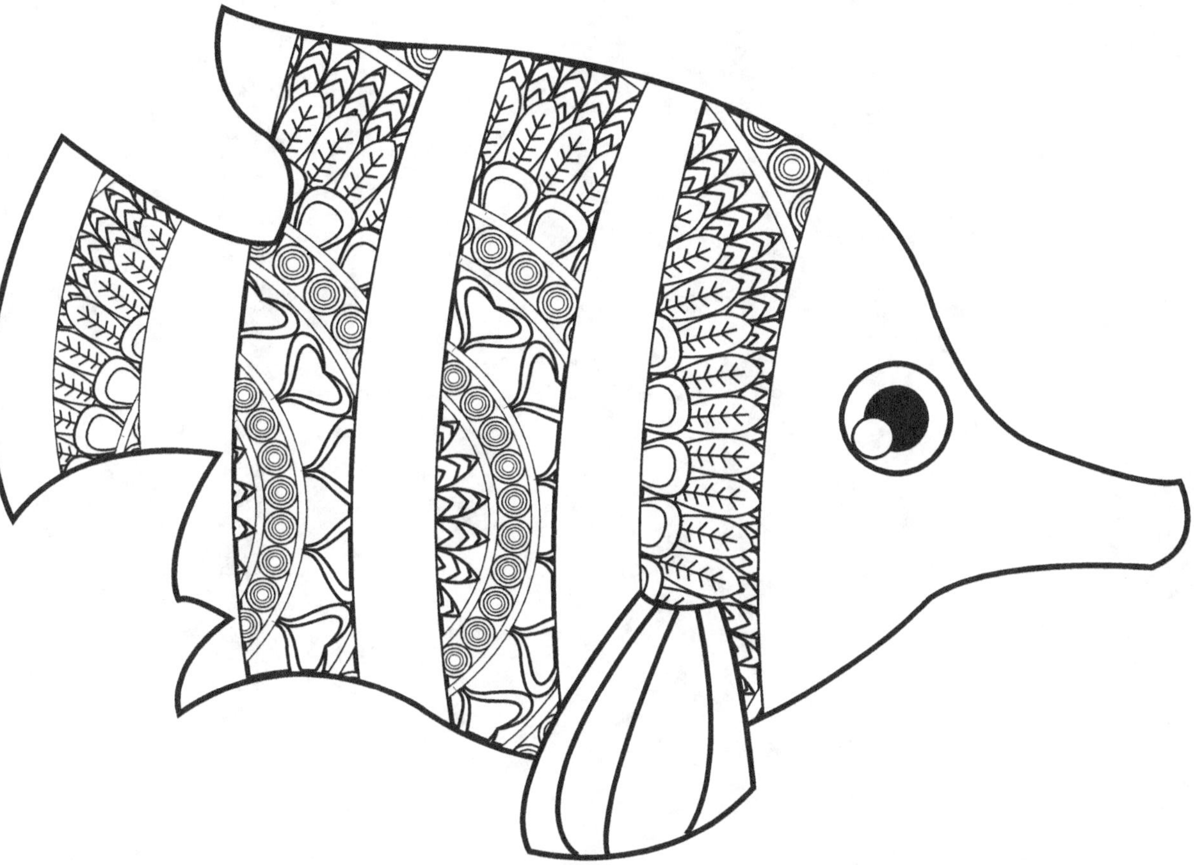

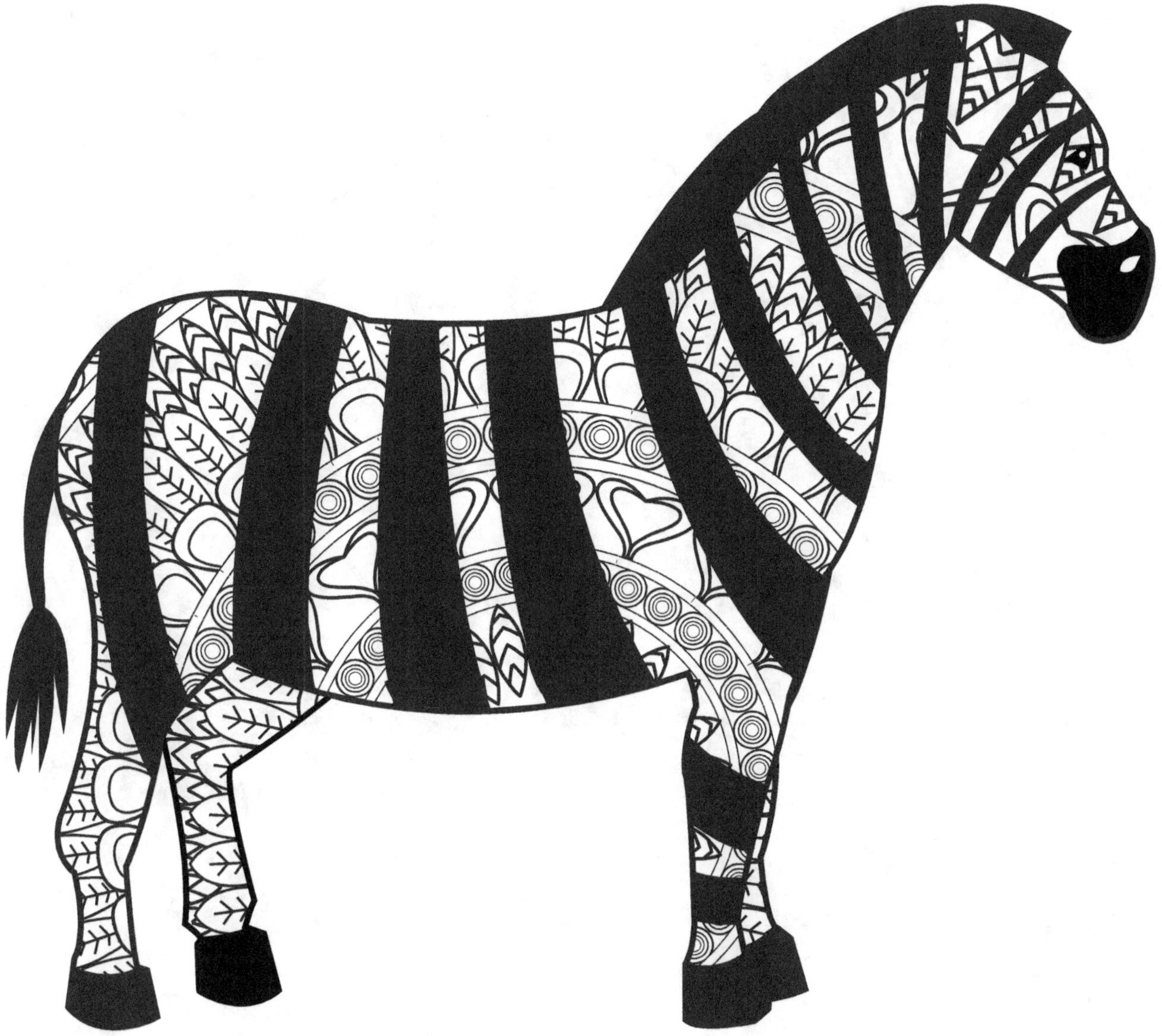

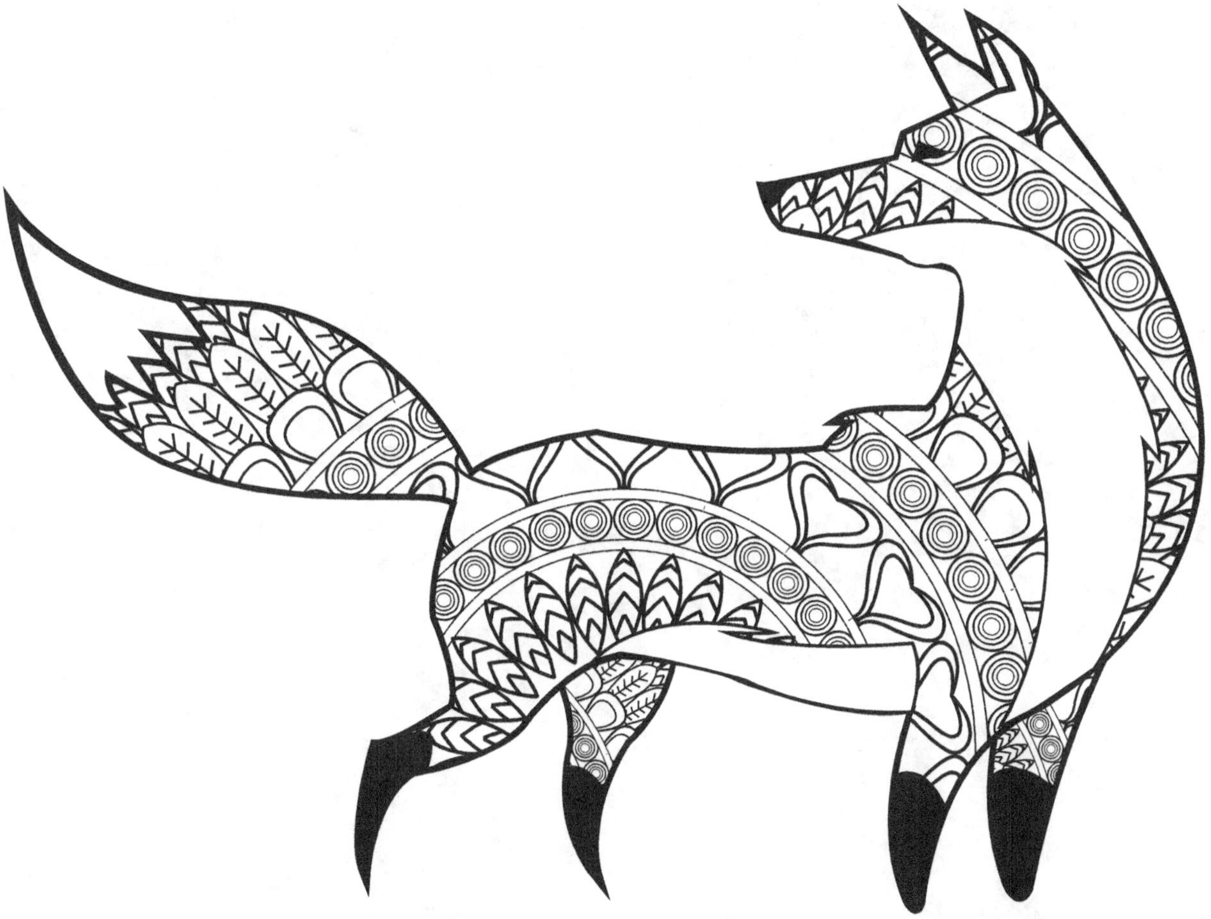

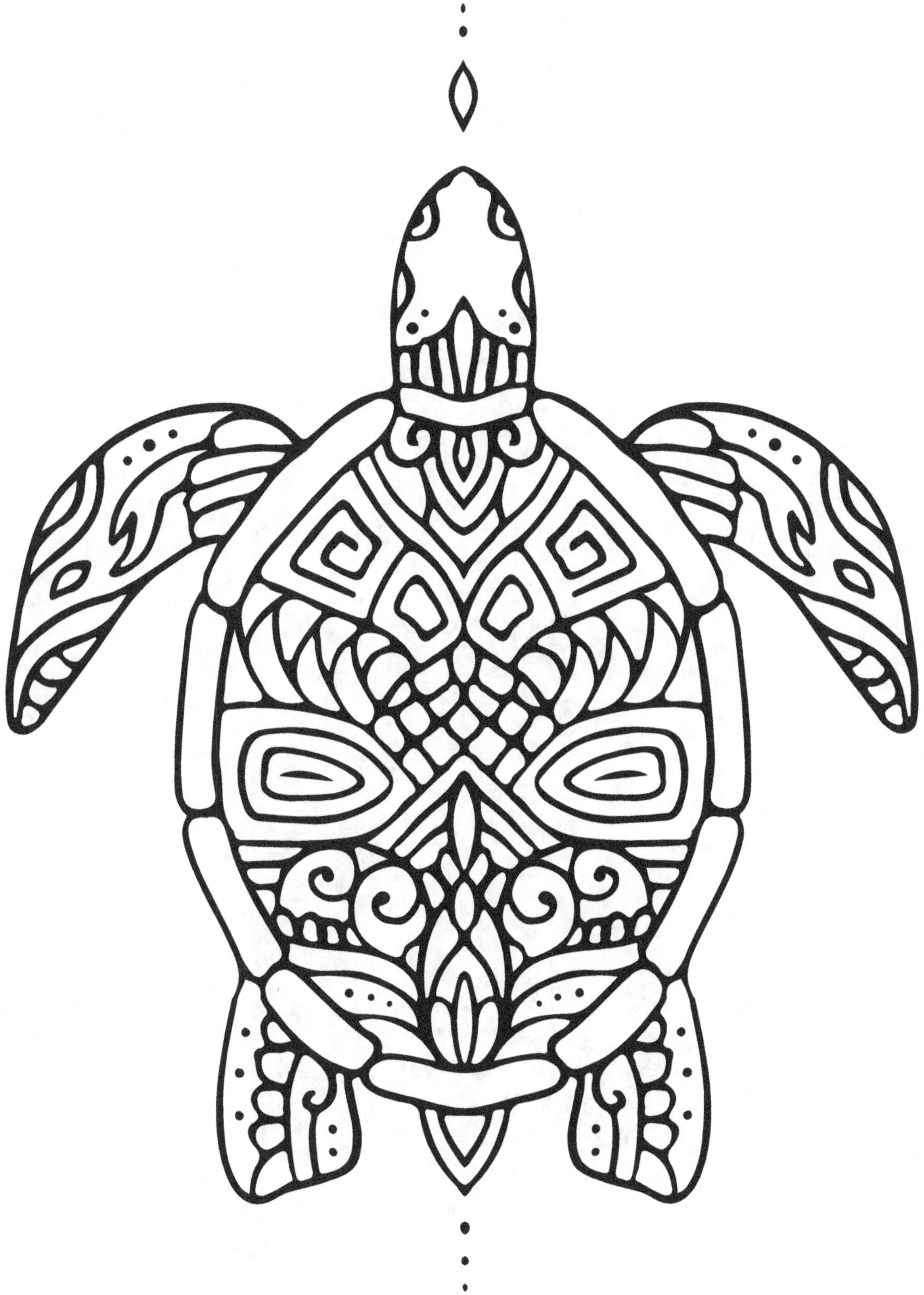

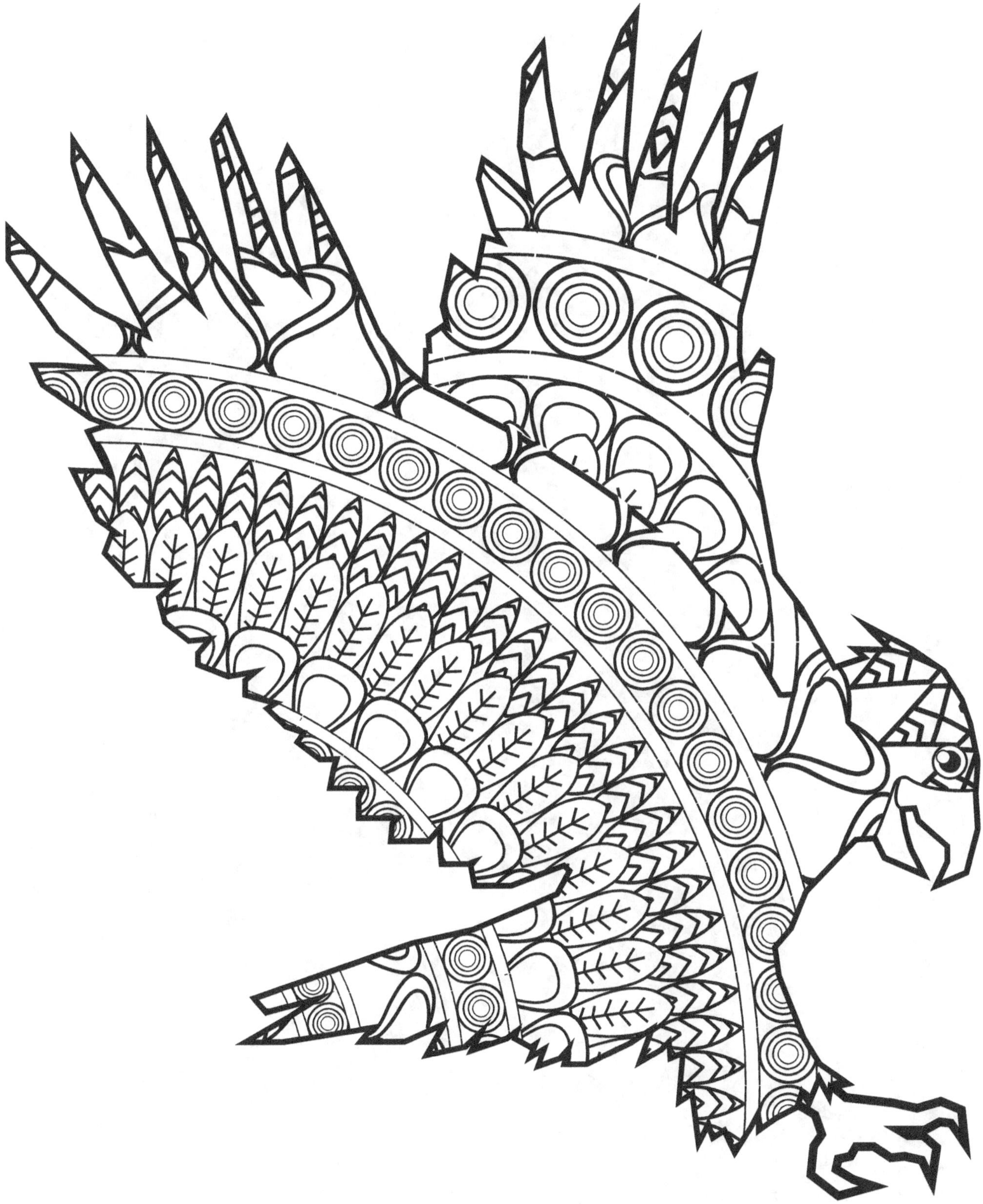

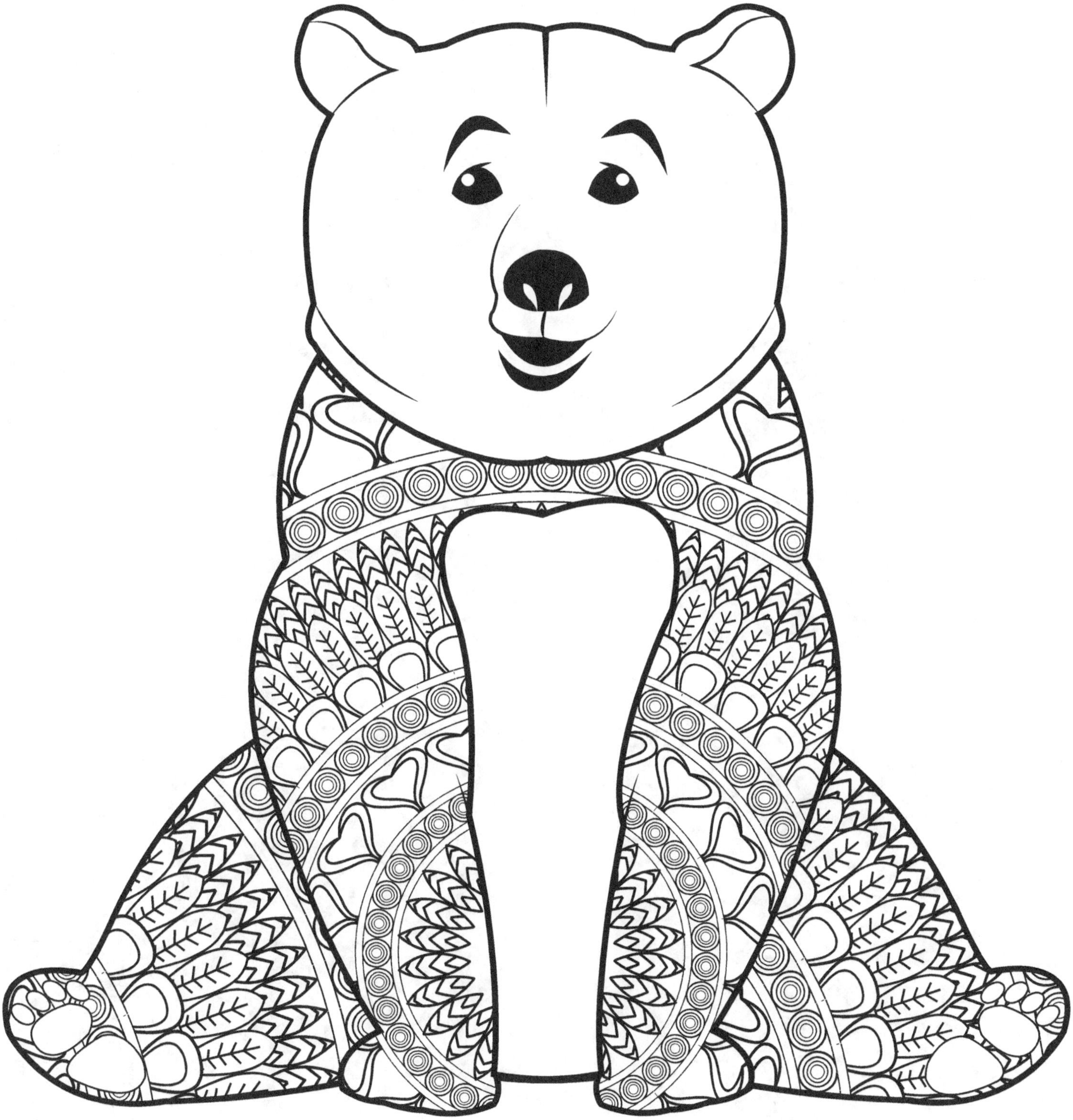

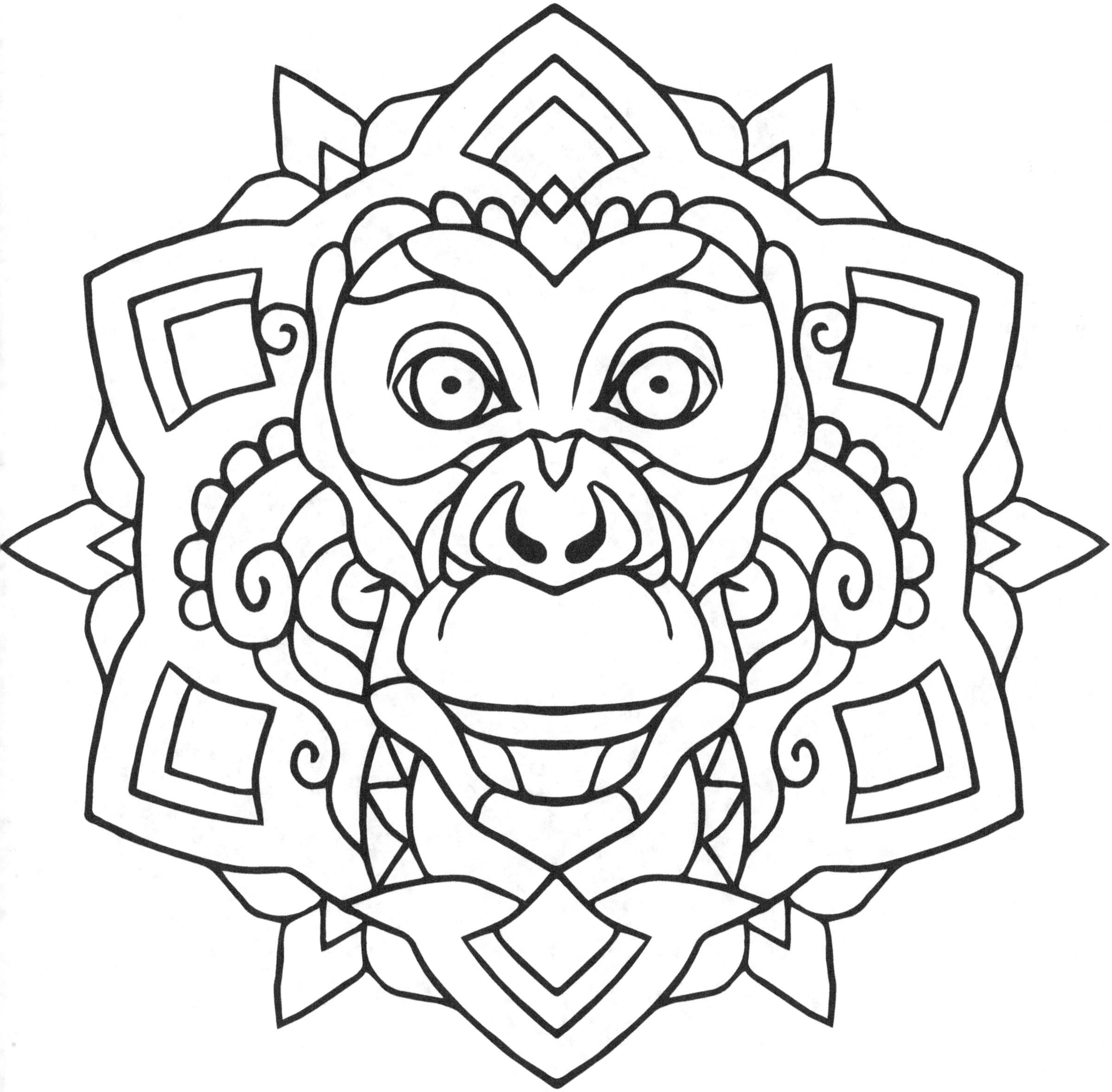

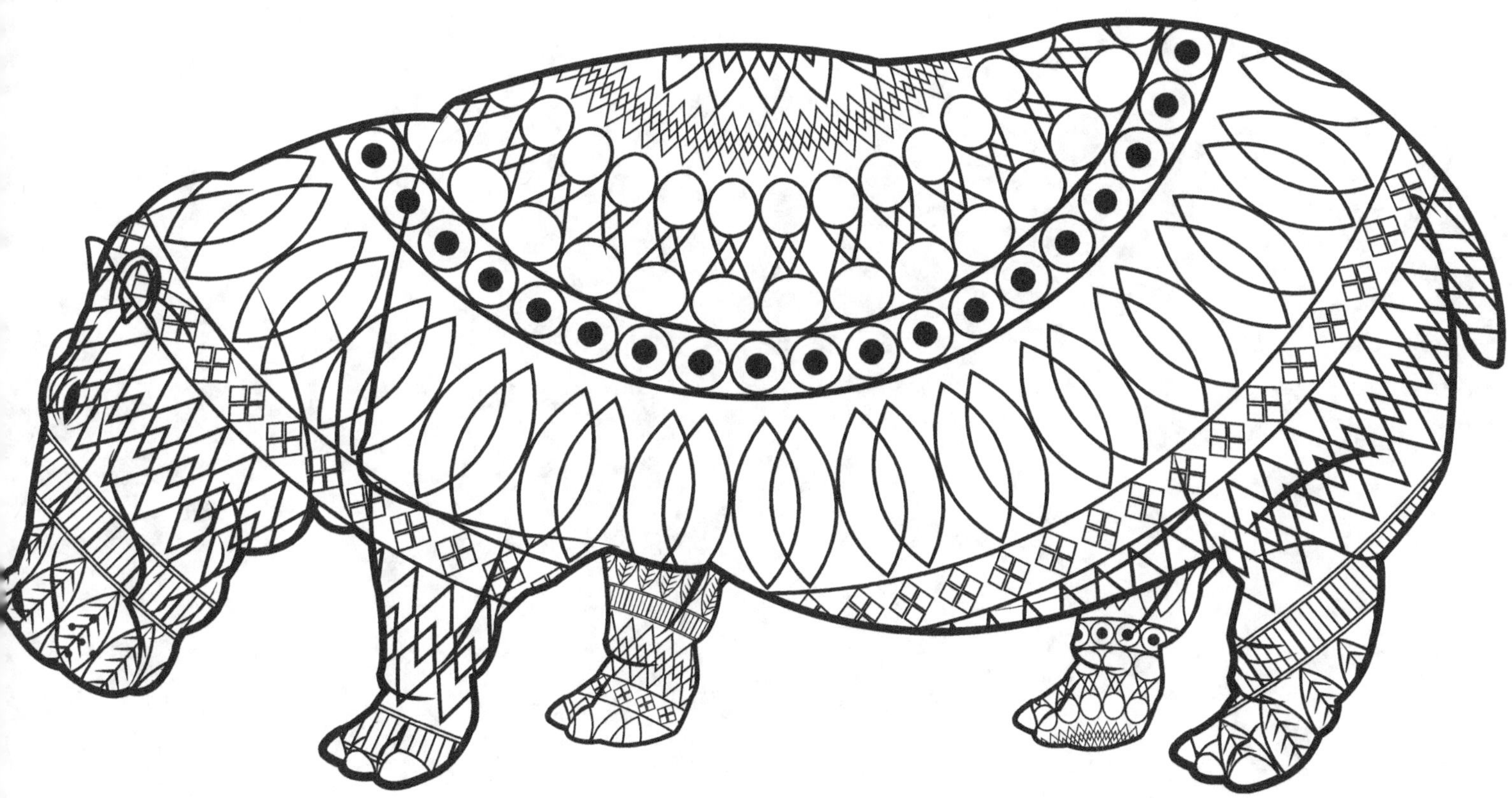

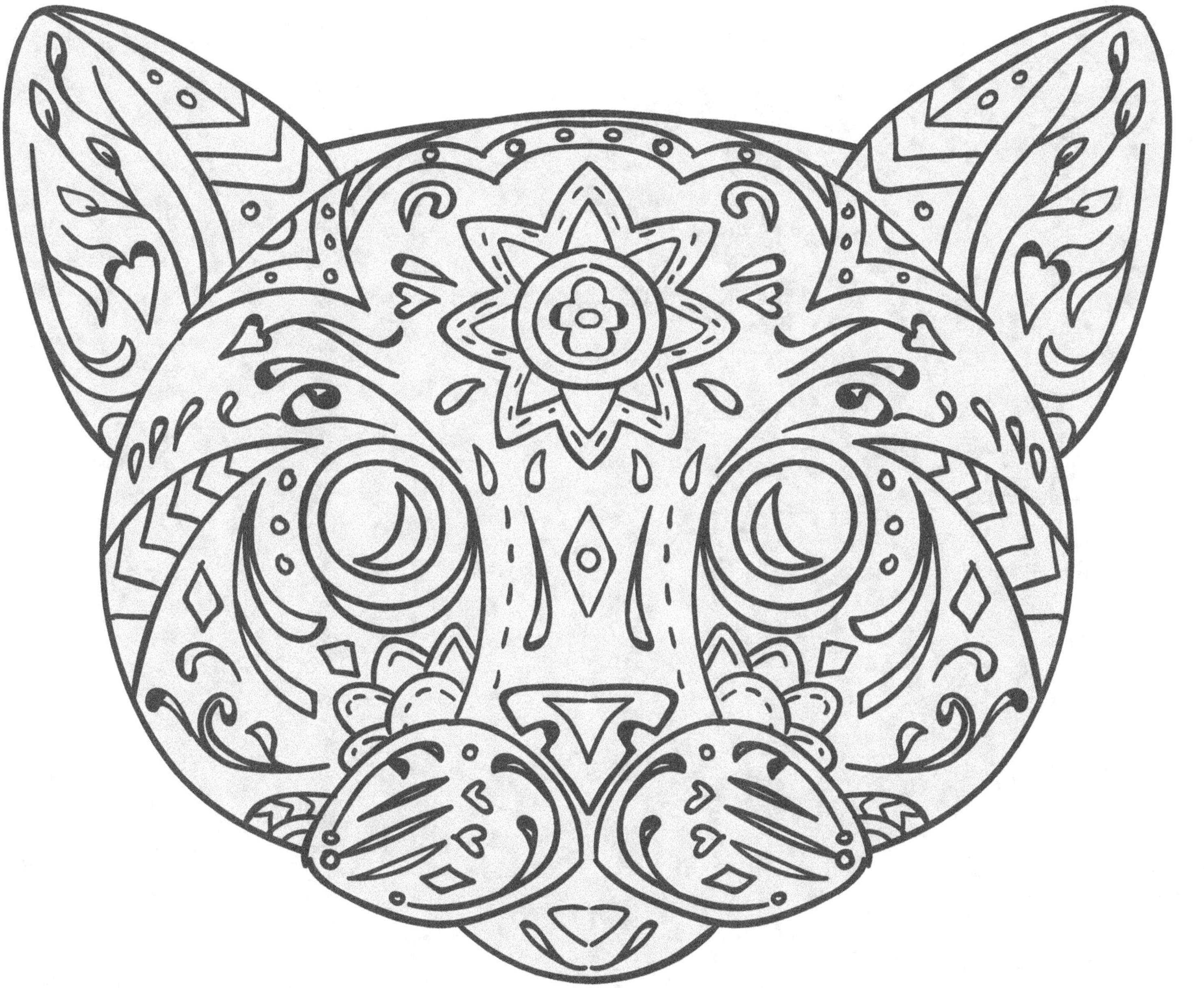

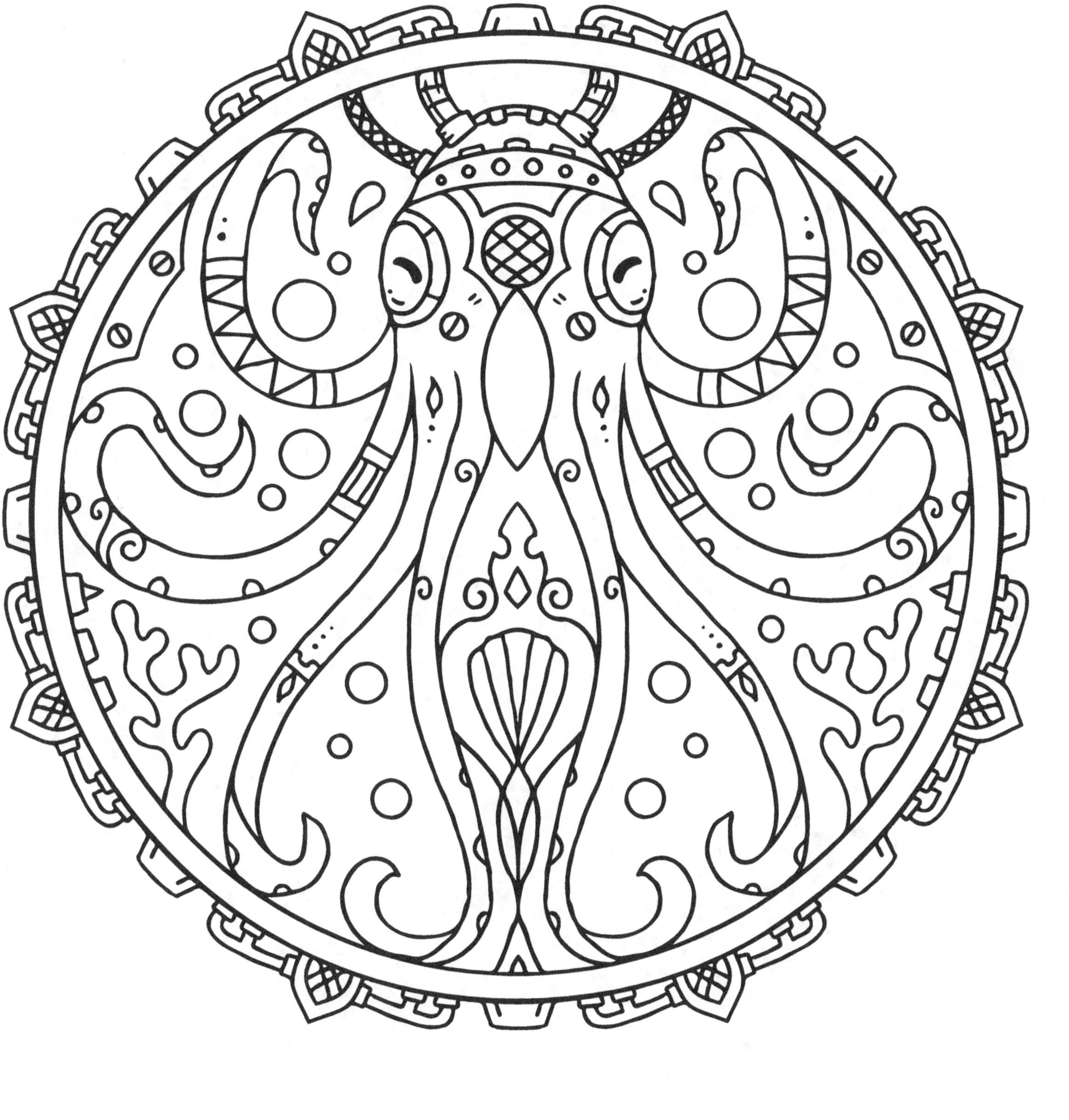

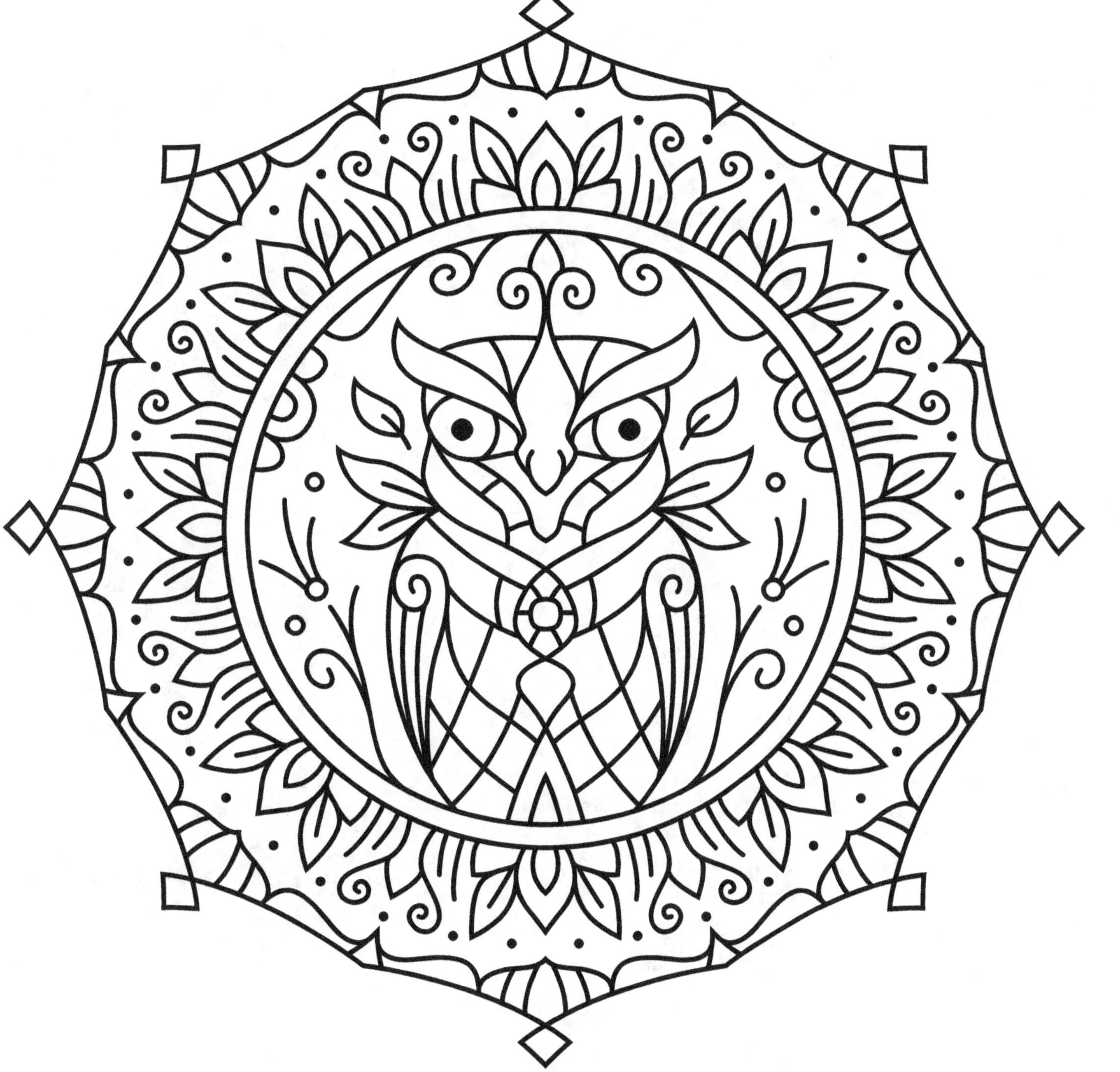

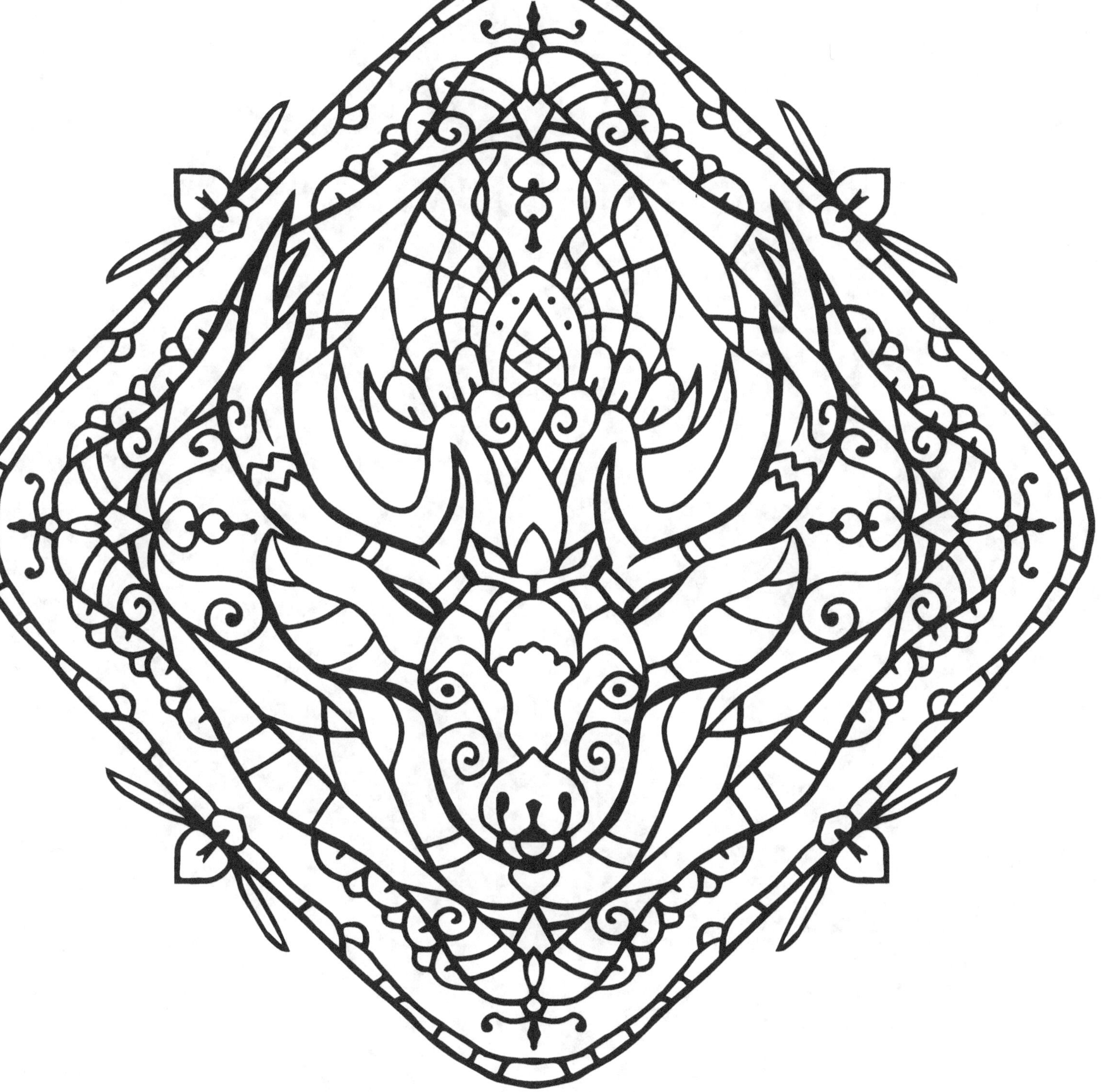

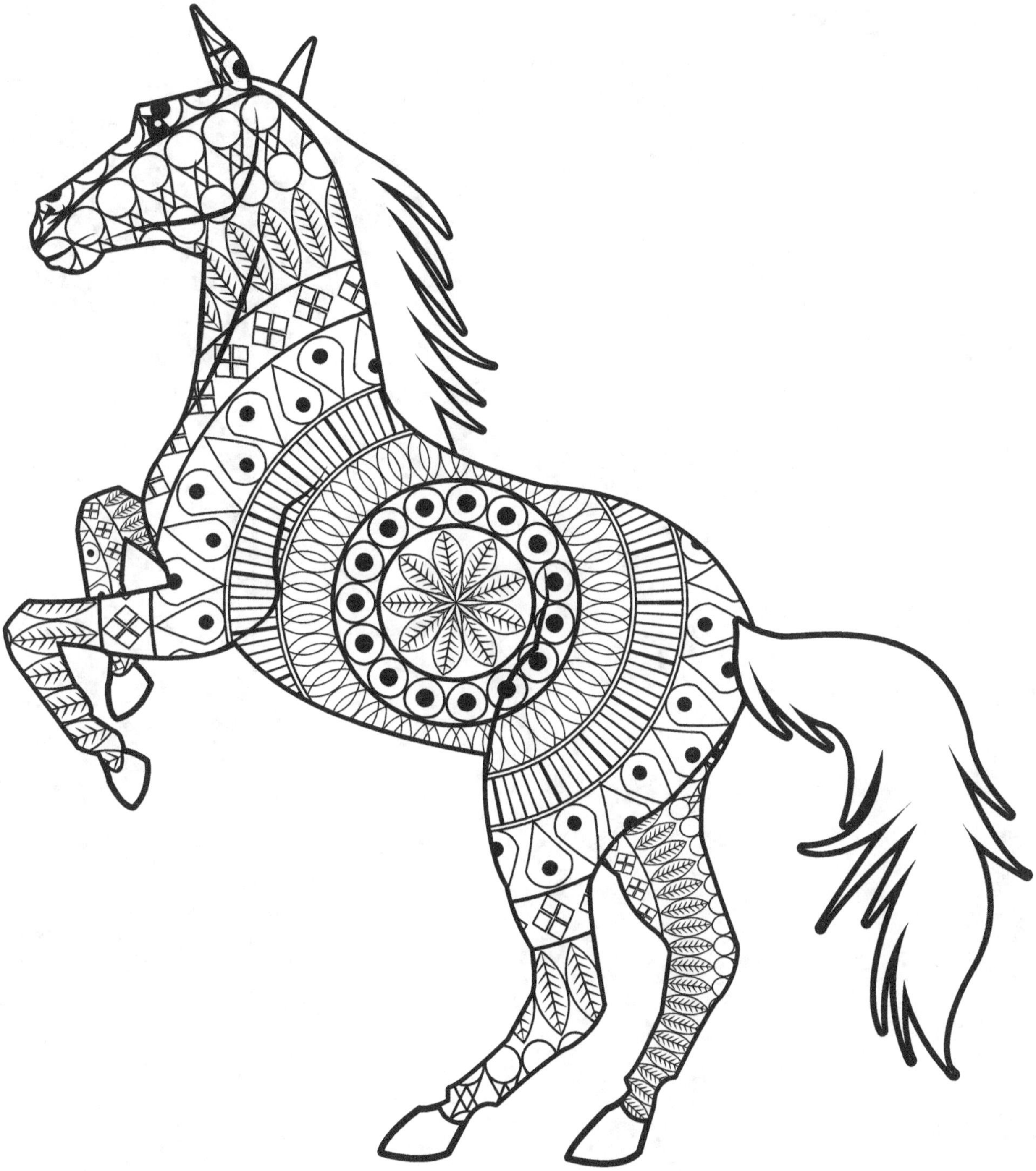

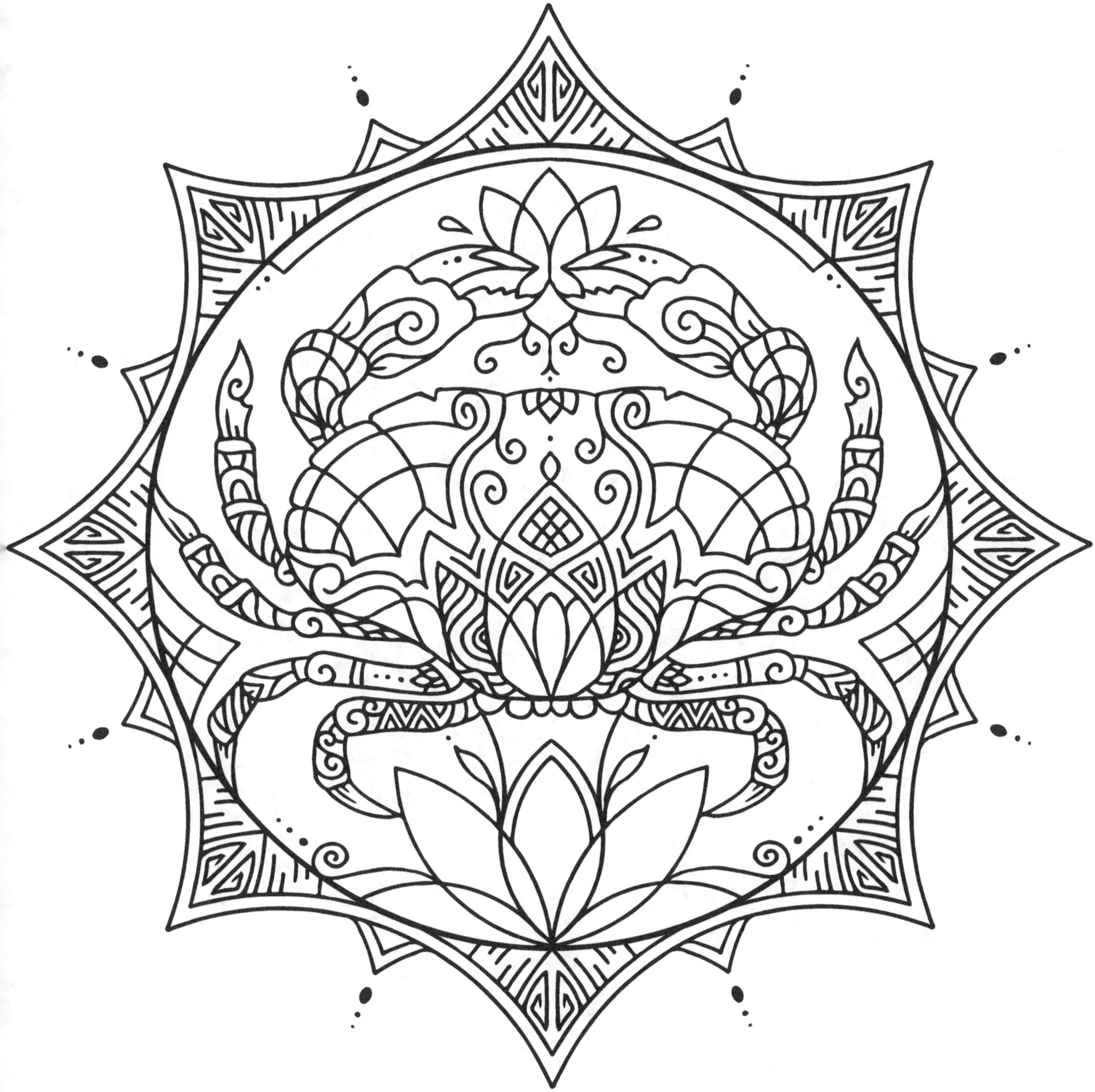

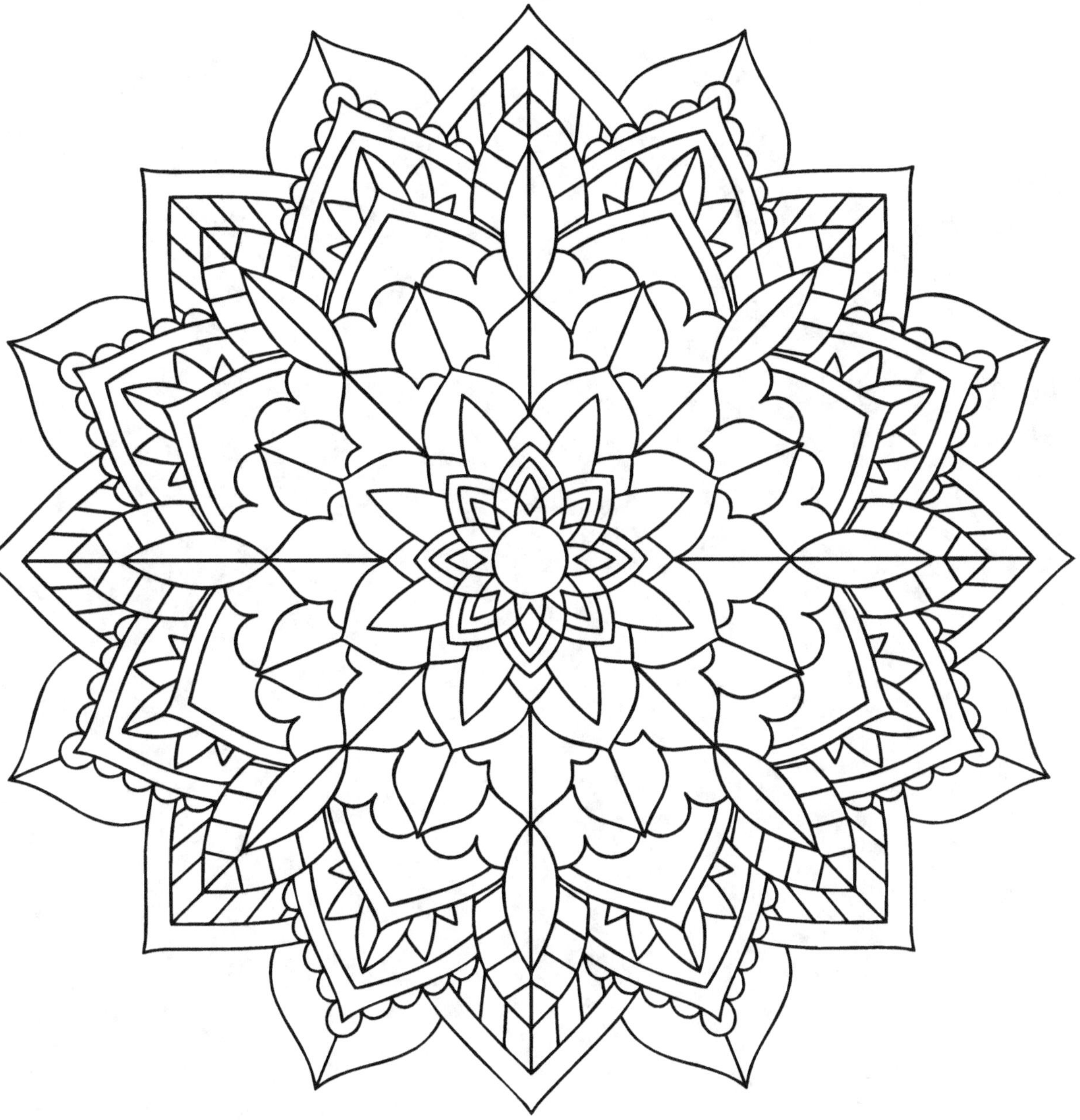

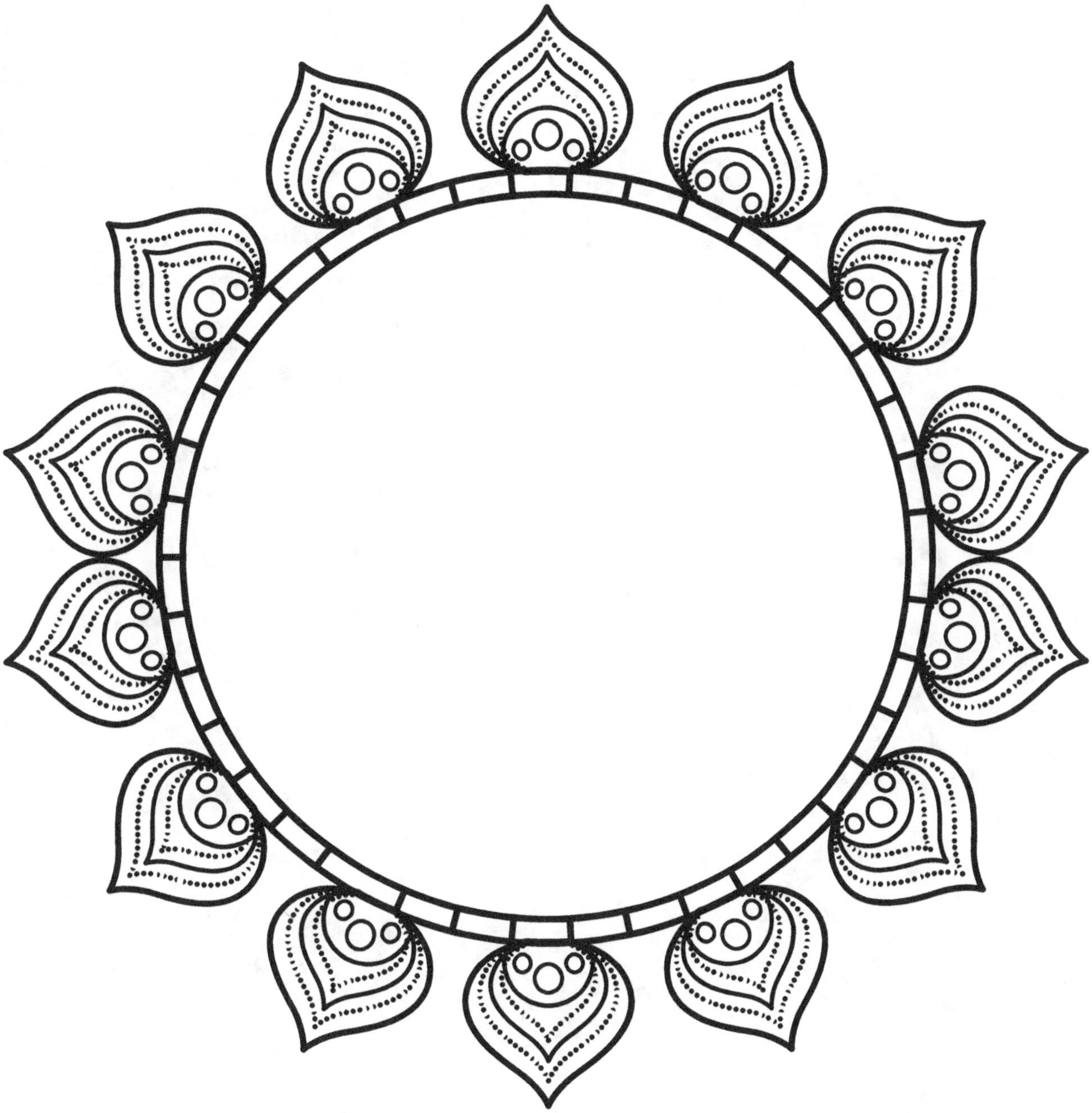

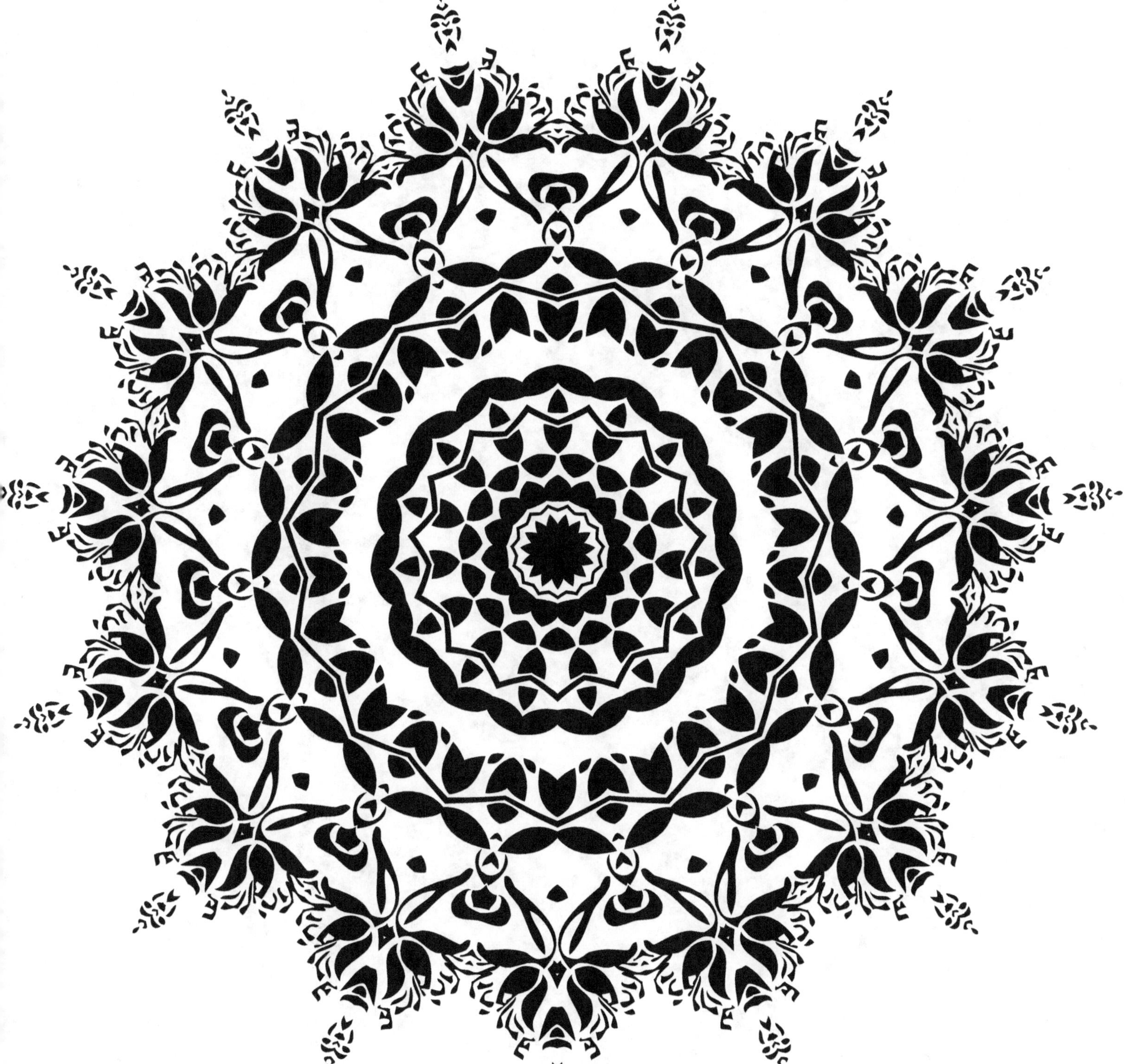

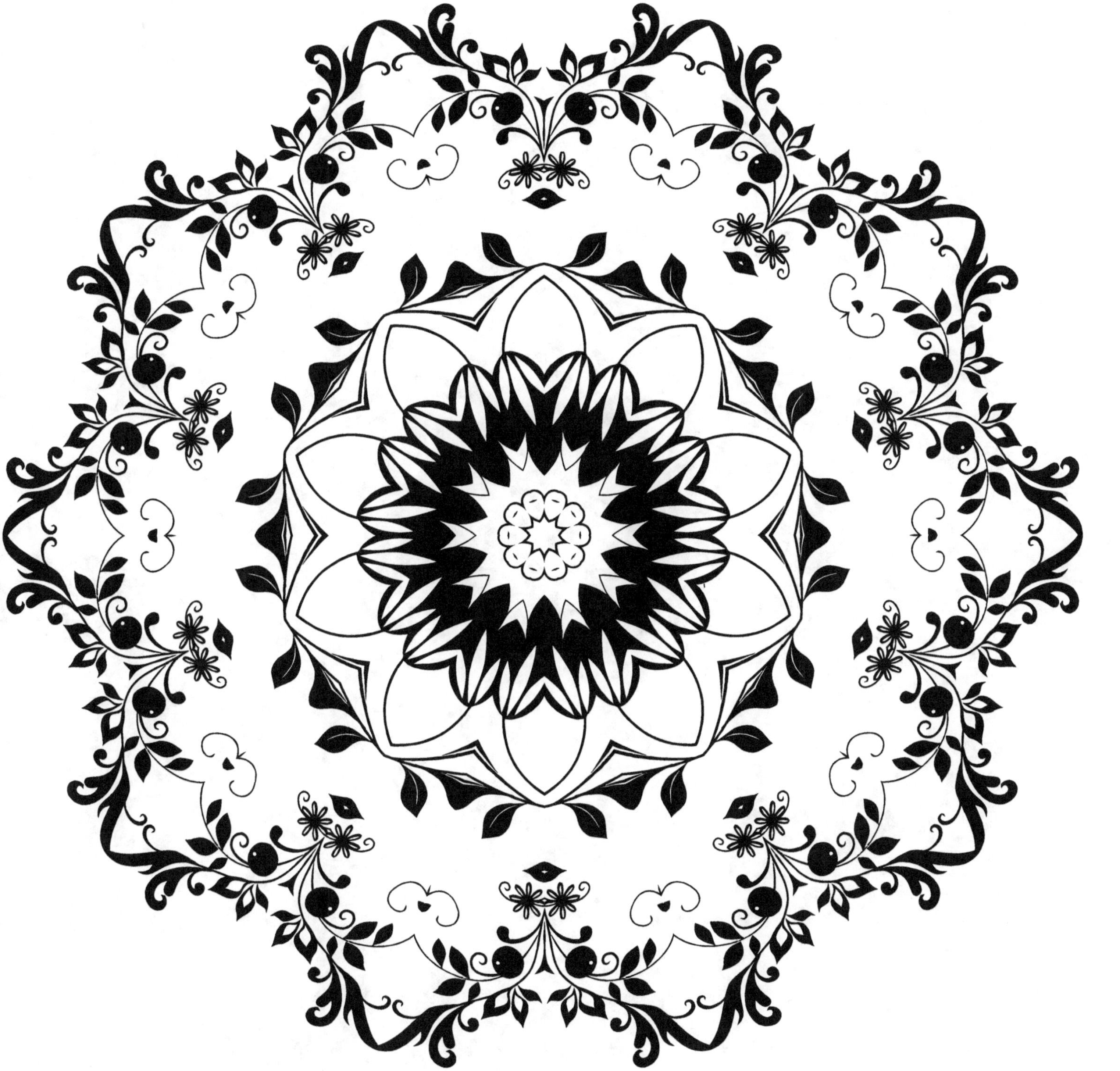

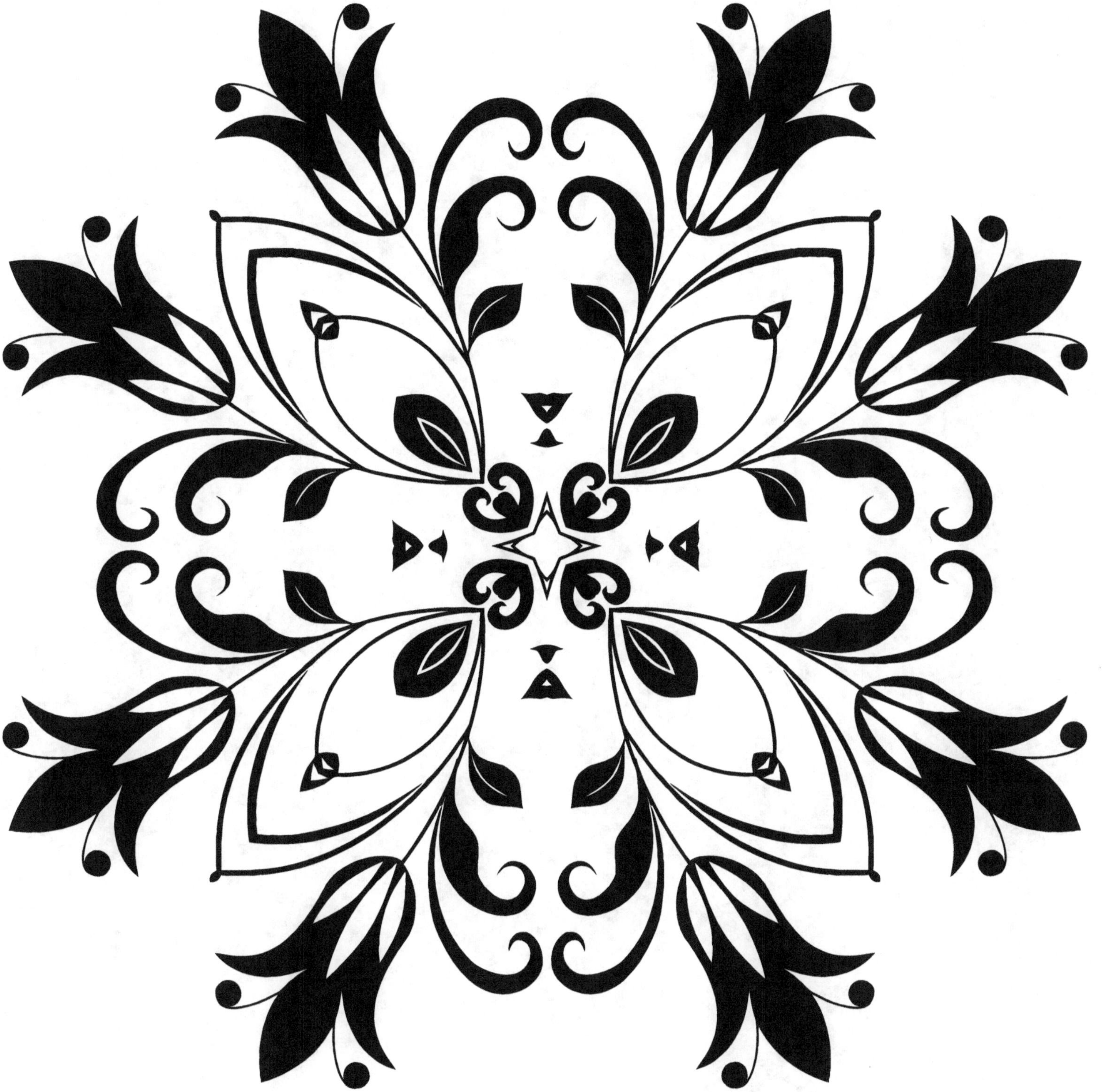

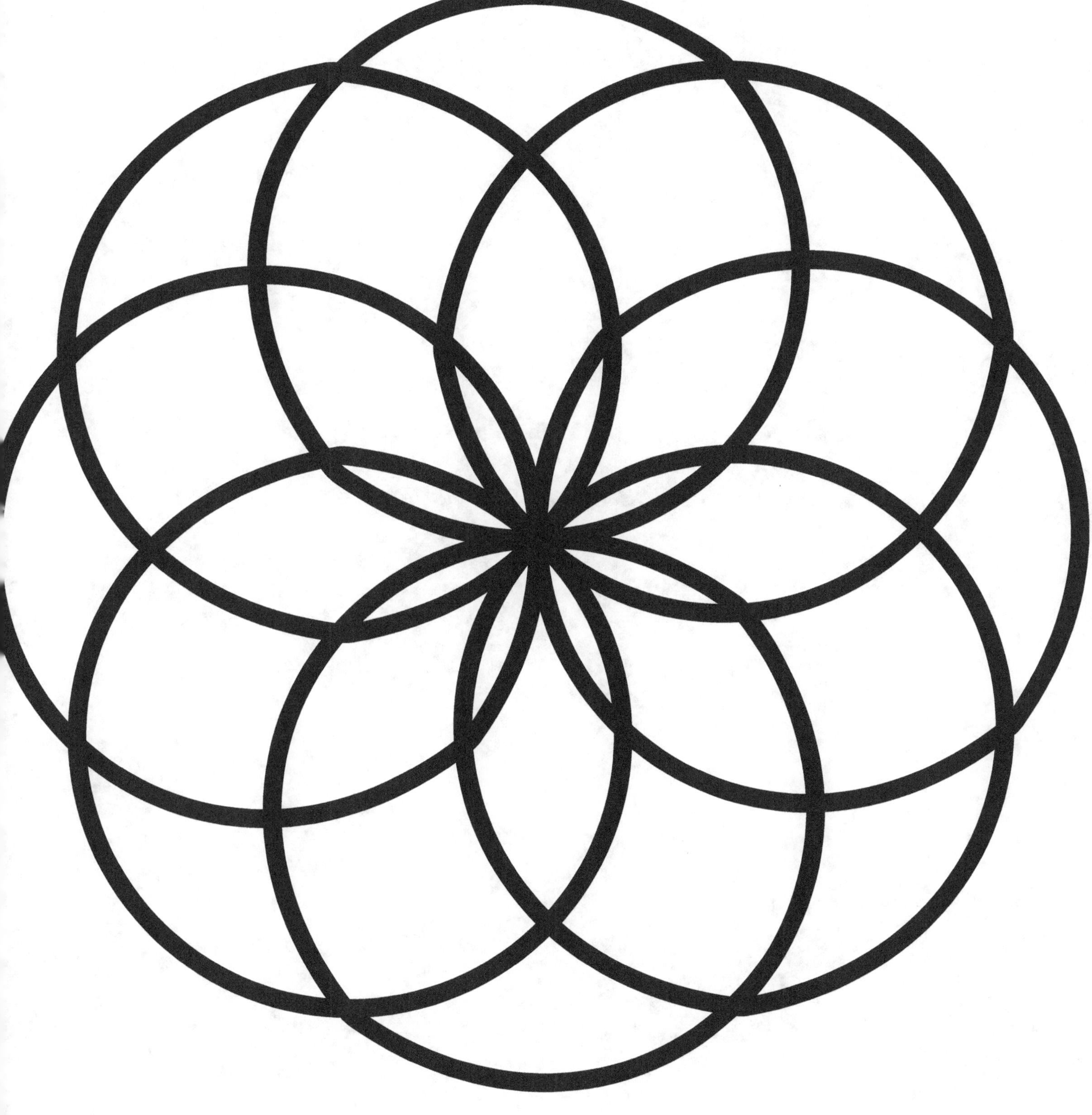

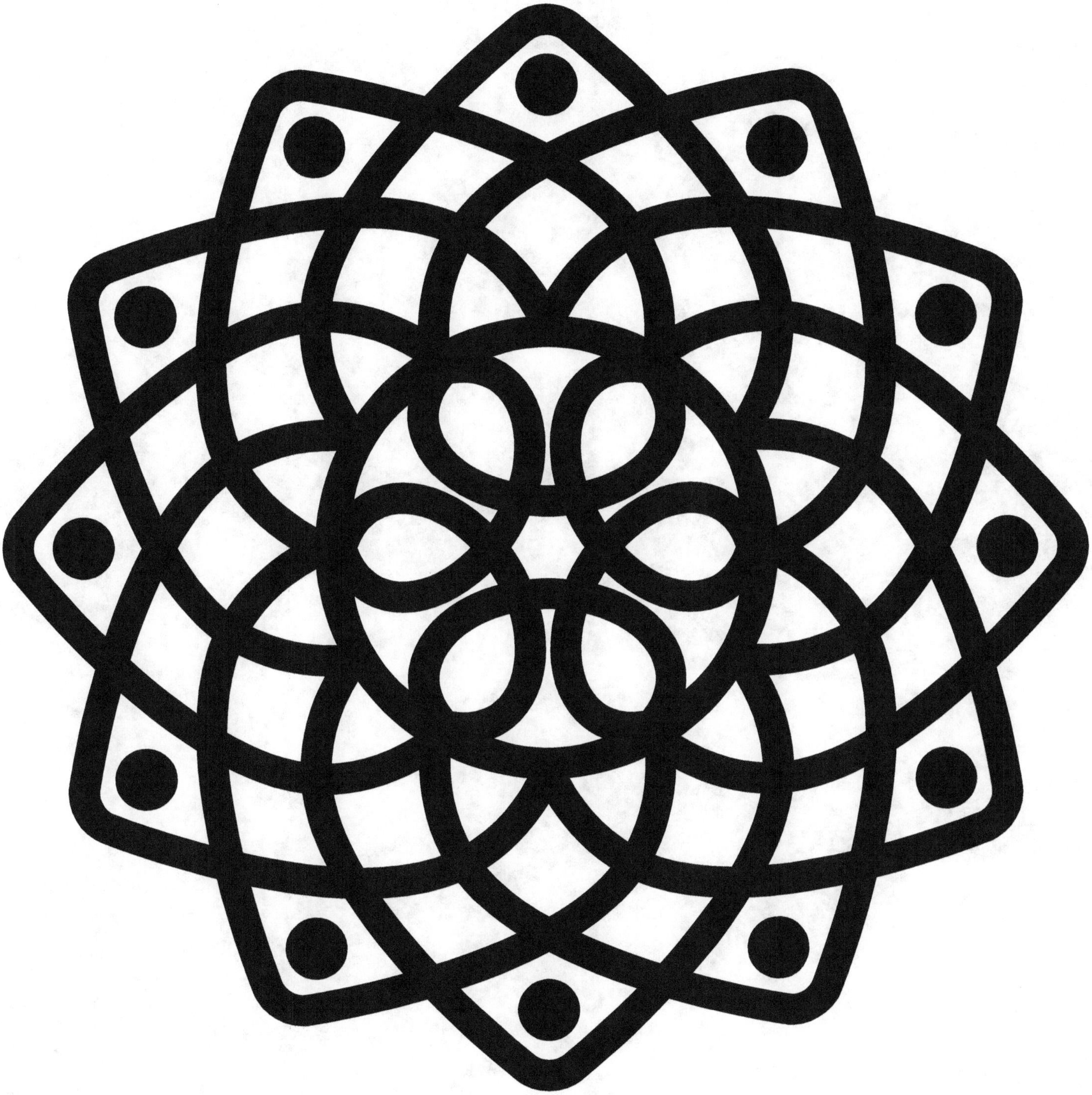

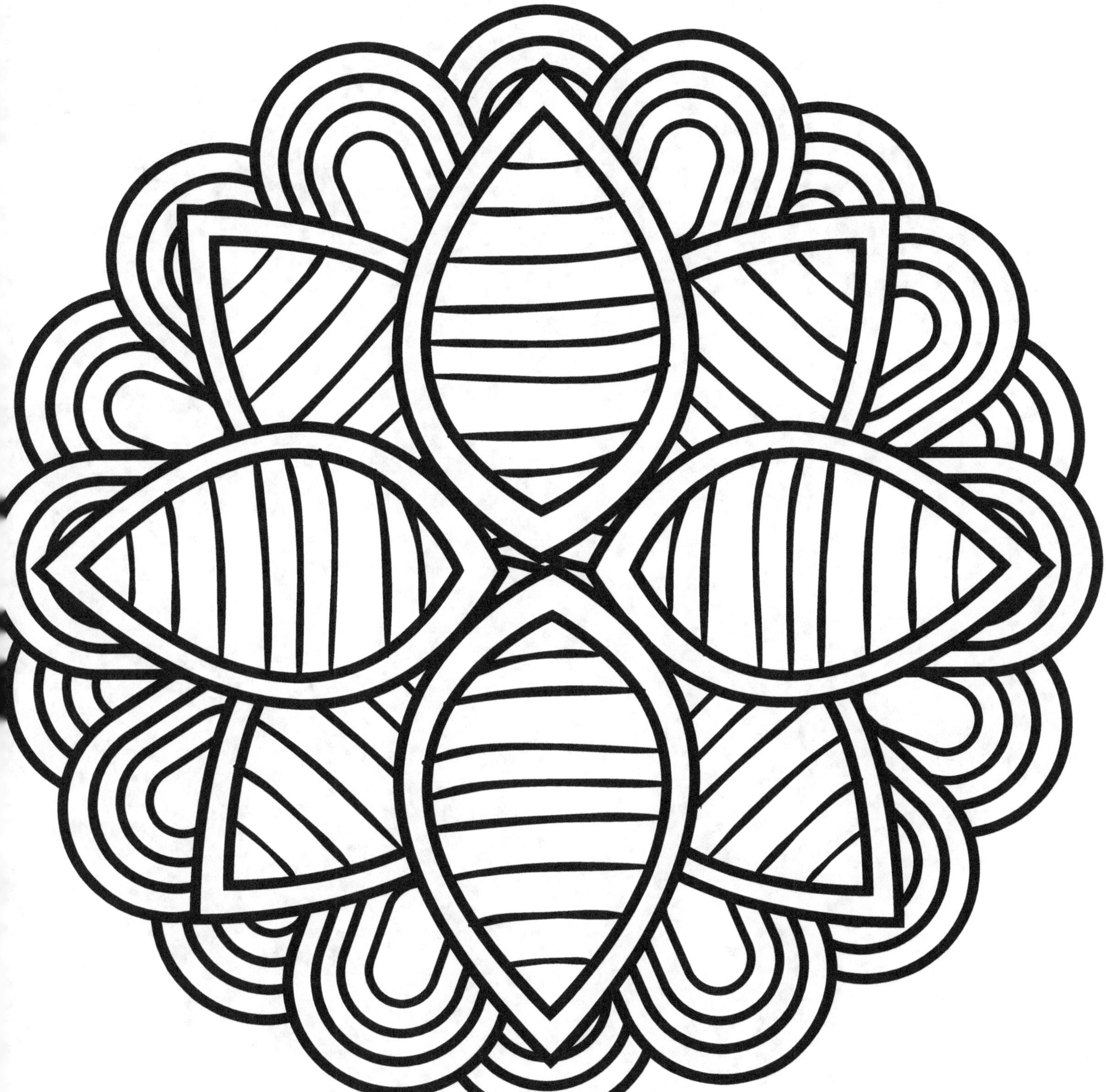

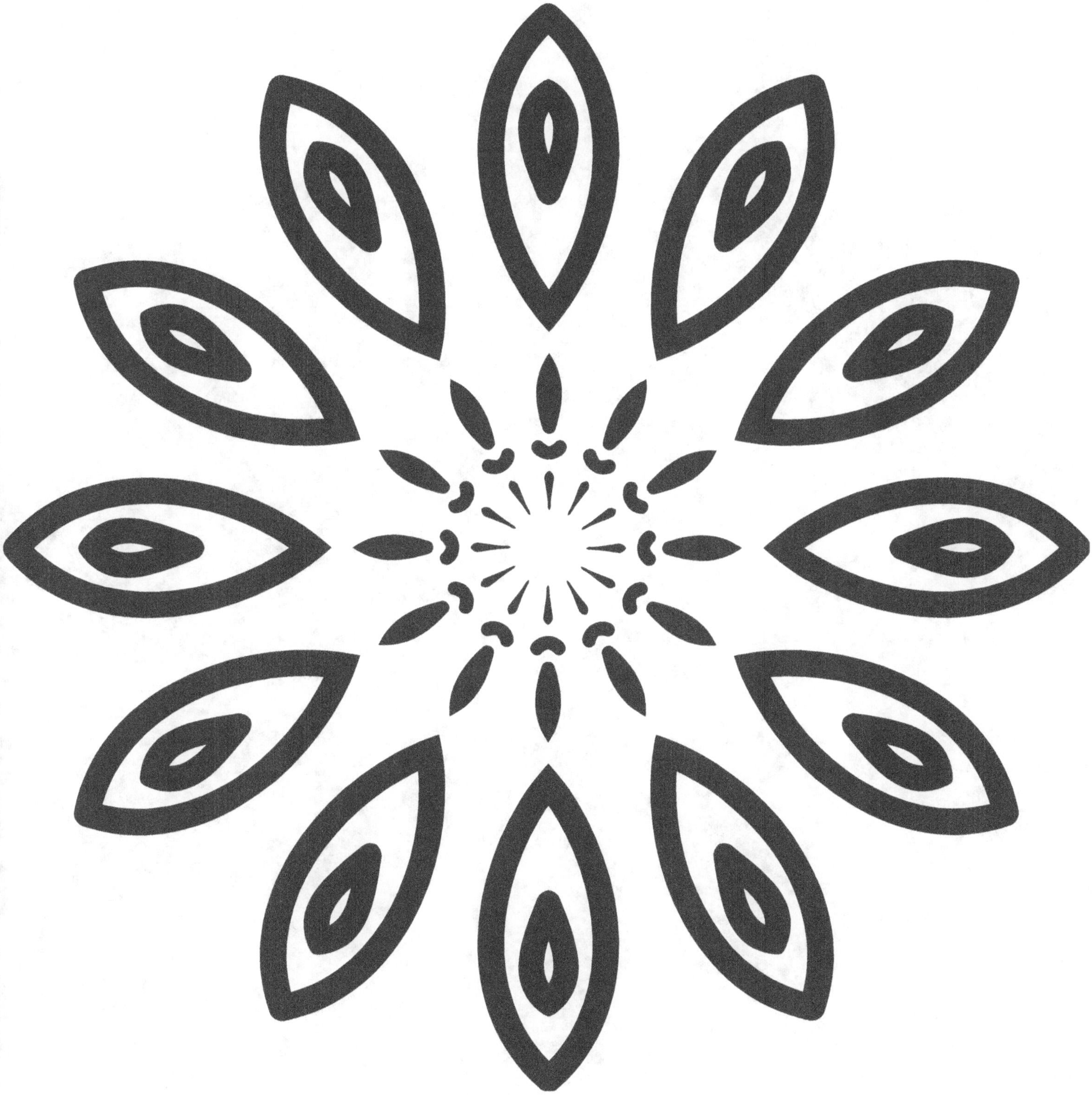

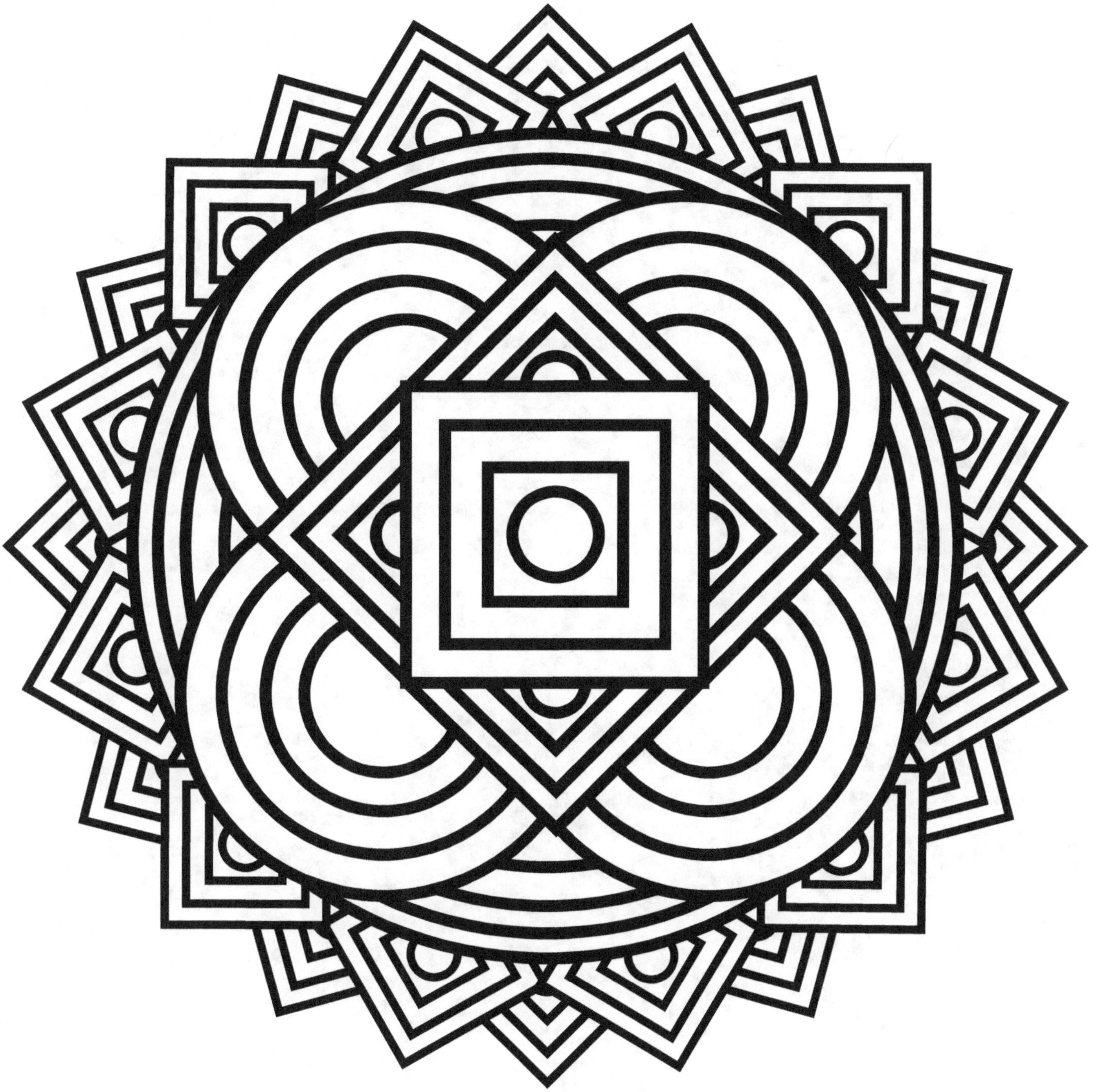

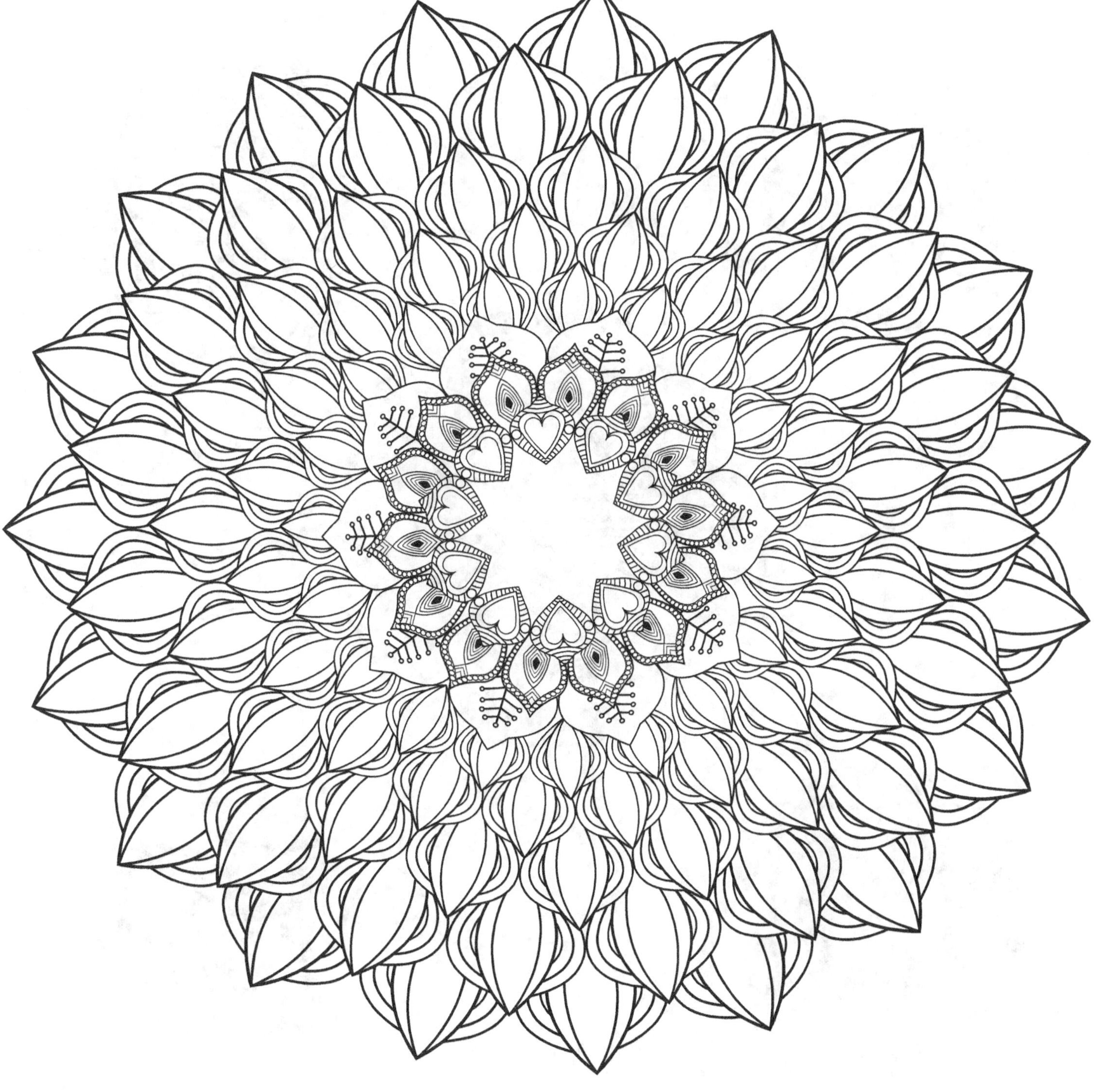

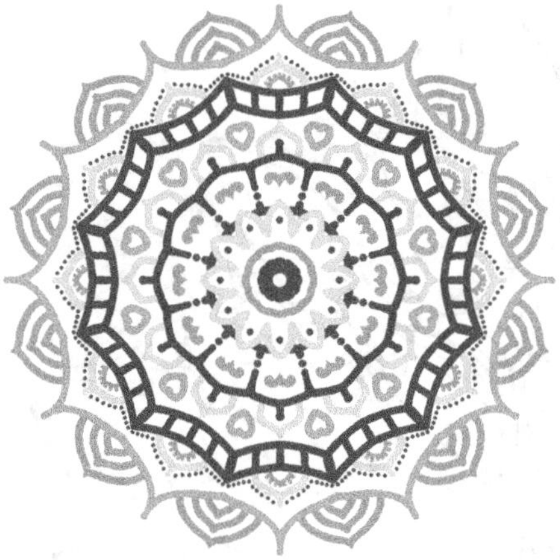

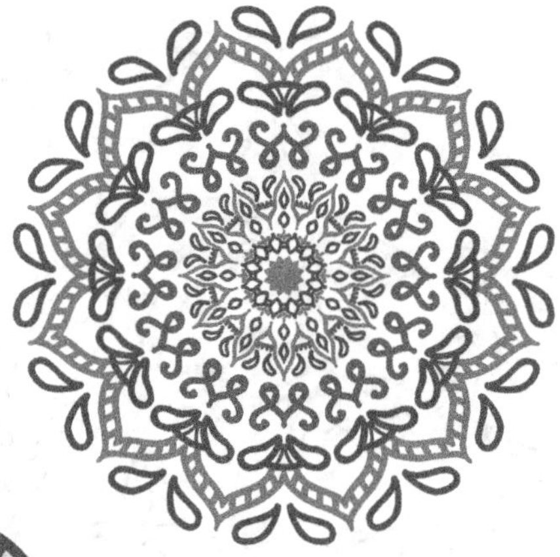

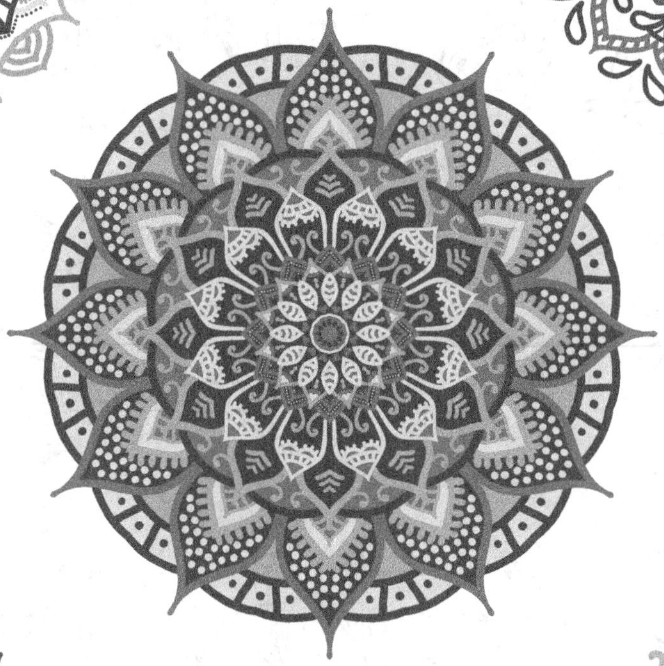

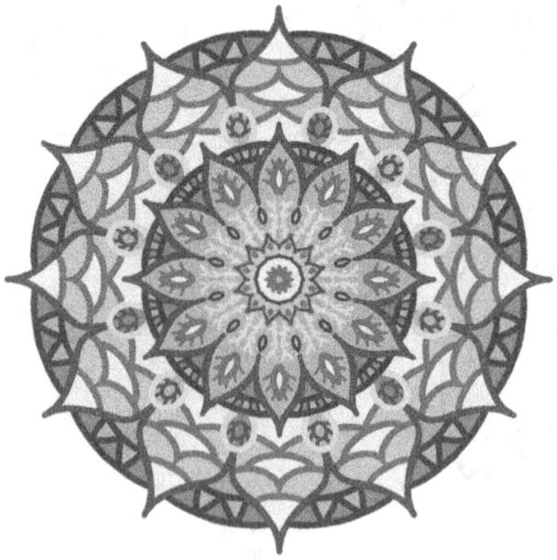

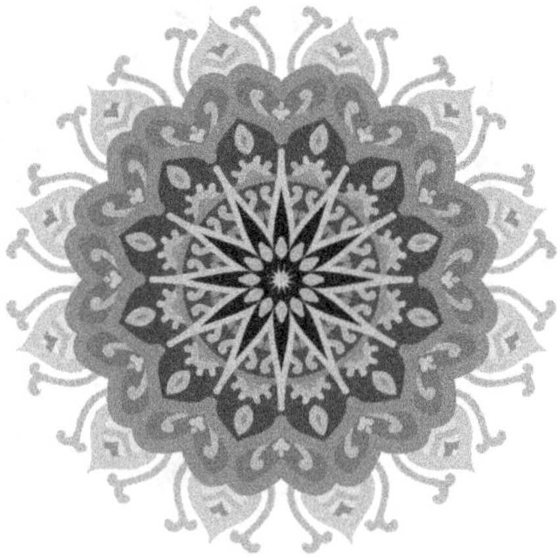

www.ingramcontent.com/pod-product-compliance
Lightning Source LLC
Chambersburg PA
CBHW081527220526
45467CB00010B/3077
* 9 7 9 8 7 0 4 8 6 6 5 0 3 *